OMAYRA F

MUJER, VALÓRATE

DECÍDETE A SER
UNA GRAN MUJER

WHITAKER
HOUSE
Español

A menos que se indique lo contrario, todas las citas de la Escritura son tomadas de la *Santa Biblia, Versión Reina-Valera 1960*, rvr, © 1960 por las Sociedades Bíblicas en América Latina; © renovado 1988 por las Sociedades Bíblicas Unidas. Usadas con permiso. Todos los derechos reservados Itálicas y negritas en textos y citas bíblicas son énfasis de la autora.

Editado por: Ofelia Pérez

Mujer, valórate
Decídete a ser una gran mujer

ISBN: 978-1-64123-364-4
eBook ISBN: 978-1-64123-365-1
Impreso en los Estados Unidos de América.
© 2019 por Omayra Font

Whitaker House
1030 Hunt Valley Circle
New Kensington, PA 15068
www.espanolwh.com

Por favor, envíe sugerencias sobre este libro a:
comentarios@whitakerhouse.com.

1 2 3 4 5 6 7 8 9 10 11 ＬＵ 26 25 24 23 22 21 20 19

DEDICATORIA

Por la gracia de Dios, soy madre de cuatro hijas y hoy quiero dedicar este libro a mi hija favorita.

A mi hija favorita, Joanirie... tu corazón noble, sensible y tierno no tiene comparación. Desde niña transmitías una compasión y un amor por la gente que no conozco en muchos otros seres humanos.

A mi hija favorita, Janaimar... tu pasión por Dios te define y te distingue. El amor, el cuidado, y la dedicación que pones en todo lo que haces en el ministerio son ingredientes vitales del sabor que le das a nuestra vida.

A mi hija favorita, Jenibelle... tu sonrisa es la más genuina de todas. Dios puso en ti una nobleza que nos recuerda la fidelidad de Dios, ya que eres el resultado de una década de oración y de creerle a Dios.

A mi hija favorita, Jillianne... tus ocurrencias nos alegran a todos. Tu creatividad y astucia no nos dan un minuto de descanso, nos mantienes alertas siempre. Contigo, el peor de los días se convierte en el más divertido e intenso.

Nunca les he dicho a mis hijas que las quiero a todas por igual. Siento que si les dijera eso las agruparía de una forma en la que ellas no podrían sentir su individualidad. Entiendo que muchas madres dicen eso de sus hijos; "no tengo hijos favoritos", "para mí todos son iguales". En mi caso, decirles así a mis hijas es inaceptable.

Siempre le he dicho a cada una que es "mi hija favorita". Es que yo siento que a cada una la quiero lo más que una madre puede querer a una hija. Es un amor infinito. Creo con todo mi corazón que todo hijo merece escuchar de sus padres que ellos son lo máximo. Y siento que eso hago cuando les expreso que son mi más grande amor. Todas saben que a todas les digo lo mismo.

Joanirie, Janaimar, Jenibelle y Jillianne... cada una es diferente, especial y única.

A ustedes dedico este libro, que resume el legado que cargan como mujeres y que desde la cuna les he enseñado: que su valor es incalculable. Oro para que Dios me permita ver en ustedes la realización plena de sus llamados y propósitos, siendo grandes mujeres para el Reino.

AGRADECIMIENTOS

Agradezco a mi esposo Otoniel, por siempre inspirarme y darme el espacio de crecer y cumplir todos mis sueños.

Agradezco a mis padres, porque ambos me enseñaron el valor y la honra del trabajo. Para mí son héroes con mucha sabiduría y amor.

Agradezco a mis Pastores Cash y Sonia Luna; su ejemplo es de inspiración. Le pido a Dios que les recompense abundantemente cada gesto de amor que han tenido con mi familia y mi iglesia.

Agradezco a Xavier Cornejo, quien por años ha persistido en hacerme parte de la maravillosa familia de Whitaker House. Gracias por tu paciencia. Admiro la pasión con la que haces tu trabajo.

Agradezco a Ofelia Pérez, a quien considero la mejor editora hispana. Tus palabras me inspiraron a escribir, y me sacaron de una pausa de muchos años. La fe y el empeño que pones en cada proyecto hacen una gran diferencia.

Agradezco a Rebecca González; tu ayuda incondicional enriqueció mi estudio para este escrito. Sin ti, este libro no hubiera sido posible.

CONTENIDO

INTRODUCCIÓN

Desde siempre he observado los esfuerzos de miles de mujeres intentando alcanzar el éxito en todo lo que hacen como madres, esposas, estudiantes, emprendedoras, trabajadoras y otros roles que escogen desempeñar. He sido testigo de tristezas, frustraciones y desesperación durante su camino. Unas logran sus metas a medias, dejando atrás unos roles en pos de otros, y pagando precios muy altos. Otras se cansan sin llegar a ser lo que quieren ser. La inmensa mayoría están tan ofuscadas en "hacer", que no se ocupan o se les olvida "ser". Al final no se tienen ni a ellas mismas.

¿Por qué? Porque se están ocupando en luchar por hacer y ganar la aceptación y la aprobación de otros, sin entender que el éxito no está allá fuera. El éxito nace dentro de ti y es imprescindible que "seas" y sepas quién eres, para luego salir a hacer y lograrlo todo.

Tu vida feliz y plena, tu realización como mujer nace en que te valores a ti misma. Cuando te valoras, todos te valoran, y con eso viene su respeto, su admiración, y el impacto que sienten y ven al verte entrar como una reina por las puertas que Dios abre para ti.

Valorarte te da autoridad, aplomo, firmeza, belleza interior y exterior, y te permite ser luz para ti, los tuyos, y para todo el que se acerca a tu vida. Valorarte te da dominio sobre toda situación; es como un escudo alrededor de ti. Cuando te valoras, los demás te escuchan y te siguen.

Lee esto muy de cerca: valorarte es el corazón de tus mayores anhelos porque te recuerda quién verdaderamente eres. Valorarte es rendir una alabanza continua al que te creó como obra maestra de su perfección. Valorarte es entender que Él no hace nada defectuoso.

Con frecuencia las mujeres me observan con sorpresa, preguntándose cómo es posible que yo me ocupe con dedicación y pasión a nuestro ministerio, haya criado con sabiduría a cuatro hijas, tenga un matrimonio hermoso y un esposo enamorado de mí, y también me desarrolle como emprendedora y administradora de grandes negocios.

Este es mi secreto: siempre me he valorado a mí misma. Sé que valgo. He luchado, he vencido adversidades, y soy tenaz en lograr lo que me propongo porque en mi interior mora una mujer que se valora a sí misma. Por saber quién soy, me he mantenido inamovible junto a Dios en todas las batallas: las más grandes, y las pequeñas que a veces libramos a diario.

Mujer, valórate. Cada palabra de este libro está escrita por mí personalmente, especialmente para ti. Aquí te explico qué es valorarte, qué de lo que haces les dice a los demás que no te valoras, y ¡más importante!: te digo todo lo que puedes hacer para valorarte, y decirte a ti misma y al mundo que tú sabes que vales y cuánto vales.

Sí, en medio de la inmensidad de cosas que sabes que hago, eres tan valiosa para mí, que hice tiempo, dediqué largas horas para escribir, sacarte de donde estás y conseguir lo que me propuse: que aprendas a valorarte. ¿Te das cuenta? Yo te valoro, pero tienes que valorarte tú. ¡Mujer, valórate!

—*Omayra Font*

CÓMO SE DETERMINA EL VALOR DE UNA MUJER

Para determinar el valor de un objeto se toma en consideración el producto, el mercado, la oferta de la competencia, los costos, el porcentaje deseado de ganancia, entre otros elementos. Estos son procesos matemáticos que se utilizan todos los días. Todo lo que has comprado en tu vida, desde un lápiz hasta tu casa, pasa por el proceso de determinación de su valor.

Ahora, ponerle valor a un objeto y ponerle valor a una persona son dos cosas completamente diferentes. ¿Cómo podemos determinar el valor de una persona?

Caminaba en uno de mis tacones más altos en la construcción de nuestro templo, y amablemente uno de nuestros ujieres me dice: "Pastora, cuidado que no se le vaya a romper el zapato". Obviamente, un hombre no conoce cómo maniobramos las mujeres para movernos con tacones en terrenos no favorables. Pero les cuento que mi enfoque no estaba en el terreno, ni en los tacones. Mi respuesta inmediata a tan amable comentario, porque ciertamente su intención era cuidarme, fue: "Zapatos tengo muchos en la casa, lo que no tengo son otros tobillos, ni otras rodillas".

Hay una frase que se usa mucho en Puerto Rico cuando las personas mayores están haciendo tareas no tradicionales, donde se les dice que las hagan con cuidado porque "esas piezas (refiriéndose a las partes de nuestro cuerpo) ya no se consiguen". Te has preguntado, ¿cuánto vale un tobillo, una rodilla, o una pierna?

Sabrás que hay quienes han cuantificado el valor de diferentes partes de nuestro cuerpo. Hoy la medicina regenerativa puede crear en un laboratorio músculos, venas, piel, además de algunos órganos. Los costos de avances científicos como estos son multimillonarios. Aun así, ninguno se iguala a los órganos naturales de un ser humano, sanos y funcionando perfectamente. Supongamos que el valor de recrear un brazo fuera $1.000.000 de dólares. ¿Venderías uno de tus brazos por ese precio? Esto significaría que por elección propia y por un mero intercambio financiero mutilarías una parte esencial de tu cuerpo. Creo que la mayoría de las personas dirían que "no" a ese planteamiento.

El estado de Connecticut en los Estados Unidos posee una lista de precios diseñada para indemnizar daños por accidentes laborales. Los daños se estiman en semanas de trabajo que debe pagar el patrono al accidentado, y varían de acuerdo con la parte del cuerpo que fue afectada. Según la lista, por una mano debe recibir 155 semanas de compensación, mientras que por el brazo completo recibiría 208 semanas si es el brazo dominante, y 194 si es el otro.

La lista llega al extremo de asignar valor en semanas de compensación por los ovarios, los testículos y sí, en efecto, también tienen un valor asignado para las partes privadas del hombre y de la mujer. En cuanto al valor asignado a estas partes, no tengo otro comentario que no sea que me da mucha satisfacción informar que tanto las partes del hombre como las de la mujer fueron tasadas en el mismo valor. Eso no es muy común; por lo menos en esto vemos igualdad.

Sin embargo, vivimos en un mundo donde no hay igualdad entre el hombre y la mujer. Vemos muchos momentos donde la sociedad pone valor monetario específicamente a las mujeres. Todavía hoy, con todos nuestros adelantos científicos, industriales y tecnológicos no hemos logrado erradicar la práctica del pago de dotes, la trata de personas, la explotación sexual, la venta ilegal de órganos y los trabajos forzados de los que son víctimas millones de personas alrededor del mundo, en su mayoría mujeres.

Países como India persisten en la práctica de pagar por una novia, como excusa para que la novia reciba la herencia paterna, mientras que el dinero se le paga al marido. En África, la venta de niñas-novias es una práctica común para pagar deudas de drogas o alimentar a una familia en un año de pobre cosecha. Entidades como la Organización de las Naciones Unidas, A21 y el Proyecto Polaris, luchan todos los días para poner fin a estas prácticas y dar libertad a las mujeres.

Yo tengo la teoría que mientras más mujeres tengamos el contexto correcto de nuestro valor, no solo podremos aportar efectivamente para la erradicación final de esas prácticas, sino que también podremos aportar para la atención psicológica, física y emocional que tanto necesitan las víctimas de estos males sociales.

Pero ¿es esta la forma de cuantificar el valor de una persona? ¿Dividimos a una mujer por partes y tomamos en cuenta el valor de cada parte de su cuerpo, según los costos de producción en un laboratorio? ¿Calculamos el valor de una mujer de acuerdo a la pérdida económica en caso de un accidente? ¿Calculamos el valor de una mujer de acuerdo con la dote pagada para su matrimonio?

Cálculos tan fríos e insensibles como estos lo haríamos por un auto viejo, o quizás con una máquina, pero jamás lo haríamos con una mujer. No hay una tienda en ningún centro comercial del mundo donde puedas comprar y reemplazar partes de tu cuerpo. Más aún, el costo de producción de una imitación a cualquier parte de nuestro cuerpo, según la tecnología permite hoy en un laboratorio, jamás será representativo del valor incalculable de cada parte de nuestro cuerpo.

Esa palabra "incalculable" se nos hace más fácil asociarla con otros elementos. Por ejemplo, podemos aceptar que haya una obra de arte que tenga valor incalculable. Artistas como Vincent Van Gogh, Leonardo da Vinci, Pablo Picasso, Rembrandt, y Edvard Munch tienen obras que están valoradas en cientos de millones de dólares. El valor aplicado a una obra de arte no se hace basado en costos, como se adjudica a un objeto cualquiera. La asignación del valor a obras que se tasan en cifras astronómicas surge, no de un elemento, sino de un conjunto de razones que incluyen la época, importancia histórica, escuela y la autenticidad de la autoría, entre otros elementos.

Asignar un valor a esas obras es producto del exhaustivo análisis de expertos como investigadores, curadores, y galeristas, entre otros. En esencia, si el cuadro es bueno, y el autor es bueno, el valor es inmenso; a veces, al punto de ser incalculable. Este concepto lo podemos entender mejor cuando hablamos de arte, que cuando el concepto de valor se aplica al ser humano. Asignar el valor de cientos de miles de dólares a un auto, o de millones de dólares a una propiedad o casa, resulta más sencillo para muchos que entender, aceptar e internalizar que un ser humano, una mujer, valga más que todo eso junto.

**TU VALOR,
CUAL OBRA MAESTRA,
ES INCALCULABLE.**

EL VALOR DE LOS MOMENTOS

A finales de los años 90, muchos tuvieron un *"aha moment"* (en inglés, significa un momento que define un antes y un después en tu vida, o en que en un instante cobras consciencia de algo) a consecuencia de la campaña publicitaria de Mastercard. Ese famoso eslogan que decía "Hay ciertas cosas que el dinero no puede comprar. Para todo lo demás existe Mastercard", emocionó a muchos, pero al mismo tiempo nos hizo pensar. En esta campaña, el concepto de algo de valor incalculable se les atribuye a las experiencias. Cada anuncio fue creado para dejar esa sensación en la audiencia, asociando circunstancias y experiencias únicas donde había varios elementos cuyo valor se puede cuantificar en dólares y centavos, como un vestido, un boleto de avión o una cena, pero la experiencia producida con esos elementos poseía un valor incalculable.

La vida está llena de experiencias así, que no tienen precio. No hay dinero que pueda comprar ver el nacimiento de tus hijos. La memoria de ese momento mágico en el que viste a tu cónyuge por primera vez, dura para toda la vida. Ver los ojos de nuestros hijos cuando conocen a su héroe o artista favorito se graba en nuestra mente y nuestro corazón. Claro, estos son ejemplos positivos, y estoy segura de que tu vida cuenta con muchos momentos como estos.

Pero esos momentos de plenitud, donde nuestros ojos se abren a otras realidades, llegan por experiencias positivas y negativas también. Es hermoso recordar los grandes momentos de la vida. Sin embargo, Eclesiastés 7:2 nos dice: *"Mejor es ir a la casa del luto que a la casa del banquete; porque aquello es el fin de todos los hombres, y el que vive lo pondrá en su corazón"*. Es decir, las experiencias negativas, como el luto, también tienen grandes enseñanzas que marcan nuestro corazón.

100 MOMENTOS POR LOS CUALES DAR GRACIAS A DIOS

Un momento transformador en mi vida vino con una rara combinación de ambas experiencias, positivas y negativas. Mi esposo y yo nos vimos sumergidos inesperadamente en una deuda multimillonaria totalmente ajena a nuestra voluntad, que ni causamos ni contrajimos nosotros. Siempre hemos sido cuidadosos con nuestro crédito personal y empresarial, y nunca, ni en el pasado ni en el presente, hemos sido partidarios de contraer deudas, y mucho menos de esa envergadura.

Enfrentamos el problema y decidimos asumir la responsabilidad de resolver la situación por el llamado de Dios que portamos, nuestra lealtad a una congregación de miles de personas que necesitaban que se mantuviera en pie su iglesia, y por respeto a su fe y a la confianza que ellos habían depositado en nosotros desde que llegamos a asumir la posición de pastores de la iglesia.

Eso significó amargas e intimidantes peleas con las más grandes instituciones bancarias del país, y pocas opciones delante de nosotros. Mi esposo y yo consideramos rendirnos y simplemente dejar todo. Todos tenemos un momento oscuro en nuestra vida. Este fue uno de los nuestros. Fue entonces que decidimos separarnos con Dios y nos retiramos dos días en un lugar, sin que nadie supiera que estábamos allí.

La idea de mi esposo esa primera noche era simplemente dormir. Habíamos pasado tantas noches en vela buscando una solución a los problemas, que eso parecía ser lo adecuado. Sin embargo, yo había traído conmigo dos libretas en blanco y varios lapiceros.

Al entrar por la puerta, leyendo en su rostro que él simplemente quería cerrar los ojos y dormir, le pedí que hiciéramos algo que no habíamos hecho antes. Le entregué la libreta en sus manos y *le pedí que cada uno hiciera un listado de 100 momentos y cosas por las cuales estábamos agradecidos de Dios.* No se imaginan la cara de Otoniel cuando le pedí esto. Justo lo que estás pensando: fue ese rostro que nos ponen los esposos cuando sabemos que están pensando: "¿Es en serio que me estás pidiendo esto?".

Luego de unos segundos de silencio me preguntó el por qué. Mi respuesta fue sencilla: "No tomemos decisiones acerca de nuestro futuro, nuestras hijas, familia, empleados y las personas que Dios nos ha confiado sin al menos reconocer cada bendición que Dios nos ha dado y los momentos en que indudablemente ha estado con nosotros".

No nos tomó demasiado tiempo que cada uno hiciera su lista. Las leímos juntos, recordamos tantos momentos, lloramos, y en ese tiempo de introspección revivimos muchos tiempos, así como en los anuncios de la compañía de la tarjeta de crédito, *"priceless"* (esos que no tienen precio). Esta experiencia fue uno de los espacios más decisivos de nuestra vida. Y por si no conoces el resultado final de nuestra angustia, todo se resolvió, y hoy día no hay deudas que empañen la bendición de adorar a Dios junto a nuestra congregación.

Aquella experiencia de escribir la lista en ese momento crítico marcó tanto mi vida, que incluso en los eventos de mujeres que suelo frecuentar para compartir la Palabra, muchas veces exhorté a las mujeres a hacer un ejercicio que te comparto para que tú también lo practiques. Toma una cajita, un frasco, un cofre, y cada día que te suceda algo especial, escríbelo en un papelito y guárdalo ahí. Entonces, en esos días donde las cosas no te salen bien, ve al frasco, lee uno de esos papelitos y recuerda que, aunque hoy haya sido un día malo, ciertamente tendrás días mejores.

Hace años hice este ejercicio con cientos de mujeres. Yo todavía lo practico, y tengo muchas amigas que también lo hacen. Muchos días me sorprenden con mensajes de agradecimiento, dando testimonio de cómo algo tan pequeño y sencillo ha hecho la diferencia en sus vidas.

CADA VEZ QUE TE SUCEDA ALGO ESPECIAL, ESCRÍBELO EN UN PAPELITO, GUÁRDALO EN UN FRASCO, Y LÉELO EN UNO DE ESOS DÍAS OSCUROS.

3

SÍ, CADA UNA DE NOSOTRAS ES ÚNICA

Piensa por un momento en la fusión de estos dos conceptos en tu vida. Piensa en cada parte de tu cuerpo y su valor. No me refiero solamente a las personas que tienen la dicha de vivir en perfecta salud. Aún alguien que tenga alguna parte de su cuerpo que no funcione óptimamente puede aplicar este concepto a sí mismo.

A tu cuerpo físico hoy, añádele cada experiencia vivida, igual buena o mala, cada momento que guardas en tu memoria. Yo sé que muchas veces, con el ánimo de motivarte alguien te ha dicho: "Eres única". Pero es que, en efecto, *nadie puede debatir la realidad de que eres única en la existencia.*

Hay cinco elementos que conforman la vida de todos los seres humanos y la combinación única de cada uno no se va a repetir jamás.

1. **El físico.** Nadie es idéntica a ti físicamente. Incluso en el caso de los gemelos monocigóticos, que comparten el 100% de su carga genética, físicamente logran diferenciarse por cicatrices, el peinado, y otros elementos. Esto quiere decir que por más parecida que puedas ser a otra persona, tu físico y tu anatomía no se van a repetir.

2. **Las características de tu personalidad.** Tus perspectivas, puntos de vista, las experiencias que has vivido, tus alegrías, tus tristezas y tus habilidades se agrupan de manera única en ti. Nadie posee la combinación exacta de los elementos que conforman tu personalidad.

3. **La experiencia social.** Tu forma de relacionarte con los demás, específicamente, tus emociones y tus sentimientos no se repiten en otro ser humano. Nacemos rodeados de personas con quienes intercambiamos ideas, experiencias y afecto único. Tu familia, tus amigos, tus compañeros no tienen una relación idéntica a la tuya con más nadie. Las madres que tenemos más de un hijo, ni siquiera somos la misma madre para todos. Yo tengo cuatro hijas, y mis experiencias con cada una son

diferentes. Así mismo, entre mejores amigas, no somos amigas idénticas con nadie.

4. **Tu intelecto.** Las capacidades y habilidades que desarrollamos a nivel mental y nos permiten el aprendizaje también son únicas. Personas que tienen el mismo coeficiente intelectual no son igualmente inteligentes. Nuestra disposición de aprender, nuestros intereses intelectuales no se repiten. En las áreas de las inteligencias lógico-matemática, espacial, musical, cenestésica, intrapersonal, interpersonal, y emocional no hay dos personas en el mundo que posean la combinación idéntica de estas múltiples inteligencias.

5. **Tu espiritualidad.** Tu relación con Dios también es única. De hecho, lo que hay de Dios en cada uno de nosotros, pues fuimos hechos a su imagen y semejanza (ver Génesis 1:26-27), también es único.

El valor de una mujer de carne y hueso, combinado con sus experiencias y los elementos que componen su ser, no se puede cuantificar con todo el dinero del mundo porque todas somos únicas e irrepetibles. Si podemos asignar valores incalculables a una pieza de arte, y asignar valores exuberantes a casas, autos, botes, *¿por qué se nos hace tan difícil entender que, como mujeres, creadas por el artista por excelencia, nuestro valor es incalculable?*

No fuimos creadas por casualidad. Si internalizamos nuestro valor conociendo estos principios, ciertamente *podemos elevarnos a convertirnos en la mujer que aspiramos ser*, y no en lo que muchas veces nos convertimos cuando devaluamos nuestra vida. Lamentablemente, muchas veces las mujeres se encuentran en posiciones donde no son valoradas. Hay muchas razones por las cuales una mujer es devaluada, ya sea por otros o por sí misma. Un ejemplo sucede con mujeres que se dedican a la crianza de sus hijos, las que optan por no trabajar fuera del hogar, las que se dedican al cuidado de sus casas y sus familias.

Siempre recuerdo la historia de Steven y Glory. Glory abandonó un trabajo de 14 años para cuidar de su hijo. Como muestra de aprecio a su esposa Glory, Steven escribió un ensayo donde asignó un valor numérico a todo el trabajo de ella. El resultado de su análisis fue que no contaba con los recursos para dar una justa remuneración económica según correspondía a Glory por todas las funciones que realizaba al día, que incluían y no se limitaban a: limpieza, compras, niñera, chef, asistente financiera, y servicios de lavandería.

Glory no es la única mujer que realiza tareas que no pueden ser cuantificadas económicamente. Steven valorizó y reconoció el valor de Glory, dando honor y honra por la contribución que sus acciones diarias, pequeñas y triviales, tienen para él y su hijo.

¿DE QUÉ DEPENDE EL VALOR DE UNA MUJER?

Se cuenta la historia de un discípulo que acudió al maestro para preguntarle:

"Maestro, ¿cuánto vale un ser humano?". El maestro no respondió a la pregunta. Se limitó a sacar de uno de sus bolsillos un diamante y decir a su discípulo: "Ve al bazar y pregunta a varios comerciantes cuánto vale este diamante. Pero... ¡No lo vendas! Después vienes a verme y me cuentas cuánto te han ofrecido por él ¿De acuerdo?". "De acuerdo, maestro."

El discípulo fue al bazar, presentó el diamante a un vendedor de verduras y le preguntó cuánto le daría por la joya. "Te podría ofrecer hasta cuatro kilos de patatas." El discípulo acudió a una cacharrería y el propietario le dijo: "Por este diamante te podría entregar unos potes de bronce y dos cubos de latón". Después, el discípulo acudió a una bisutería. El dueño, tras examinar el diamante, dijo: "Por este diamante te puedo ofrecer un collar y unos pendientes de acero".

A continuación, el discípulo se dirigió a un joyero, que, tomando el diamante en sus manos, le dijo: "Por esta joya podría ofrecerte una buena suma de dinero". Decidió finalmente ir a la mejor joyería del bazar. El dueño era un gran joyero y, después de examinar con lentitud el diamante, comentó: "Amigo mío, este diamante no tiene precio. ¡Su valor es realmente incalculable! ¡No hay suma de dinero que pueda adquirirlo!". Cuando el discípulo le contó al maestro todas sus gestiones, este le dijo: "Creo que ya no hace falta que te lo explique... Tú mismo te habrás dado cuenta. *El valor de un ser humano depende siempre de quien lo 'tase'*".

El valor del diamante, el valor de Glory y tu valor dependen de quien lo tase. Glory tuvo la dicha de que su esposo logró ver su valor. Lo que no sabemos de esa historia es cómo ella se ve a sí misma. El diamante llegó ante los ojos del joyero experto que reconoció lo que por falta de información y conocimiento, los otros tasadores no pudieron ver. Lamentablemente, no todas las mujeres tienen la bendición de escuchar al tasador correcto, y las personas incorrectas tasan y determinen su valor. *No permitas que los ojos incorrectos determinen tu valor, mujer. Sé tú quien determine tu valor de acuerdo con la perspectiva que tienes de ti misma.*

Como mujer cristiana no puedo dejar de mencionar que el más alto precio que jamás se haya pagado en la historia del mundo, se pagó en la cruz del calvario por nuestro Señor Jesucristo cuando entregó su vida por nosotros. Ese precio se pagó por ti. Sin embargo, este libro no está intencionado para afirmar tus creencias religiosas, sino para trabajar contigo hasta cambiar tu perspectiva, y logres internalizar que eres valiosa y puedes convertirte en una gran mujer.

Tú eres única e irrepetible, una pieza que no ha existido nunca, y nunca existirá en las generaciones futuras por los años que le queden a esta tierra. *Tus experiencias, buenas o malas, añaden; jamás nadie las ha vivido como tú.*

¡TÚ VALES; ENTIÉNDELO, CRÉELO, VÍVELO!

4

NO HAY PRERREQUISITO PARA TU VALOR

En mi primera matrícula oficial en la universidad aprendí un concepto que me hizo pensar en muchas cosas. Estudié en la universidad más grande de mi isla, en los tiempos donde no había Internet, computadoras, y había que matricularse presencialmente. En un gran salón se exhibían cartelones con los cursos, horarios y profesores. Uno tomaba nota de acuerdo a los cursos que necesitaba para completar el grado donde estabas matriculado. Luego hacías largas filas para ver si los cursos estaban disponibles, y si no lo estaban, había que elegir de lo que quedaba disponible. Como estudiante de primer año, y como suele ser, me tocó matricular en las últimas fechas disponibles. Al momento de escoger clases, ya no quedaban muchas opciones. ¡Ay, cómo había que sufrir con esos horarios!

En esa primera matrícula recuerdo ver un curso que me quedaba perfecto con los otros que ya había escogido para ese próximo semestre. Me duró 30 segundos el pensamiento de "la pegué, mi primera matrícula y mis cursos todos son de corrido". Al solicitar la clase, me la negaron diciendo que había pasado por alto el prerrequisito de la clase. "¿Prerrequisito?", dije yo, "¿pero de qué estamos hablando?".

¡Claro! Para tomar esos cursos que me quedaban tan perfectos, tenía que haber tomado primero otras clases que, como estudiante de primer año, todavía no había tomado. Yo estaba tan emocionada y no pude tomar los cursos que quería. Terminé tomando cursos en la mañana, en la tarde y en la noche. Fue un desastre acomodar mis horas de trabajo para no faltar a clases. Obvio que más tarde, probablemente cuando los horarios no me fueran tan favorables, tendría que matricularme en ellos como quiera. Pero ese día, en ese momento, aunque estaban allí disponibles, no eran para mí. Necesitaba el "prerrequisito" para tomarlos. Ese concepto de prerrequisito que sí es válido en tu educación universitaria, y en tantas otras áreas de la vida, no es válido y no aplica a tu valor. Lamentablemente, cuando hablamos del valor, muchas mujeres piensan que necesitan poseer o alcanzar algo para poder tener valor.

LA EDUCACIÓN FORMAL NO ES PRERREQUISITO DE TU VALOR

Tú no necesitas una educación formal validada por diplomas y títulos para ser valiosa. La primera en motivarte a estudiar, aprender cosas nuevas y enriquecer tu conocimiento y destrezas soy yo. La educación es importante. De hecho, un diploma o títulos universitarios definitivamente establecen la diferencia en cuanto a la paga que recibes en un trabajo, e incluso a las posiciones a las que puedes aplicar. Sin embargo, la educación formal no es equivalente al valor de una mujer.

Una mujer que carece de educación formal no es menos valiosa que una que sí posee los diplomas y títulos, porque el valor de una mujer no está contenido en el intelecto. Si sueñas con estudiar, hazlo, no esperes más, pero entiende que el diploma no te va a añadir valor.

La inteligencia de cada mujer se debe manifestar al máximo. Demos gracias a Dios que hoy las mujeres pueden prepararse, estudiar y aprender. Nuestros antepasados no tenían las ventajas que hoy tenemos tú y yo, mujer. Pero, si no tienes estudios y no aspiras a logros profesionales, entiende también que igual ¡tú vales!

EL PRESTIGIO SOCIAL NO ES PRERREQUISITO DE TU VALOR

No necesitas posiciones de prestigio en la sociedad para tener valor. Contribuir a la sociedad es importante. Todas y cada una de nosotras debemos aportar para que nuestras comunidades, iglesias, lugares de trabajo, la escuela de nuestros hijos, nuestros países sean mejores solo porque cada una de nosotras está ahí. Muchas mujeres hacen grandes diferencias en sus entornos sociales por su esfuerzo y dedicación a la causa de otros, o al bienestar común.

Yo estoy a favor de que una mujer debe hacer uso de sus talentos para ayudar y contribuir a la sociedad. Yo doy gracias a Dios por las cientos de mujeres con las cuales he trabajado por muchos años en causas sociales. Doy gracias a Dios por tantas mujeres que ayudan y siembran tiempo en la iglesia. Estoy segura de que la ley de la siembra y la cosecha dará fruto y ganancia a la vida de cada una. Su contribución es importante y añade valor a la sociedad y a los lugares que impactan con su ayuda, pero no las hace más valiosas a ellas.

EL MATRIMONIO NO ES PRERREQUISITO DE TU VALOR

El matrimonio en el Antiguo Testamento era una relación normal, cuyo propósito principal era la fecundidad para asegurar descendencia. Tener hijos en abundancia se interpretaba como una señal de poseer el favor divino y la bendición de Dios. Casarse y tener hijos eran prácticamente los propósitos de vida de una mujer en aquella cultura y tiempos. No fue que no hubo otras mujeres que sobresalieron por méritos propios fuera del matrimonio y la maternidad, pero en esencia, esa era la asignación de vida.

En los tiempos bíblicos una mujer soltera era propiedad del padre, y cuando se casaba, era propiedad del marido. Aunque el matrimonio se presentaba en su mayoría como indisoluble, en realidad eso era con respecto a las mujeres solamente, porque el hombre sí podía repudiar a su mujer y devolverla a su familia por algo tan sencillo como encontrarle un defecto. Hubo momentos históricos, como en el tiempo de Esdras, donde se ordenó que los hombres repudiaran a todas las mujeres extranjeras. Más adelante, el matrimonio se convirtió en la analogía de la alianza entre Dios y su iglesia, y desde la época de Malaquías el divorcio era mal visto. El propio Jesús avaló el matrimonio y repudió el divorcio cuando en el Evangelio de Marcos habló de que el hombre y la mujer son una sola carne.

Hoy vivimos en tiempos muy diferentes. Aunque no percibimos el matrimonio y la maternidad como los únicos propósitos de existencia de una mujer, no es menos cierto que todavía está plasmada en la mente de muchas mujeres la idea de que sin un hombre y sin hijos no son nada. Quizás en décadas anteriores nuestras madres y nuestras abuelas tuvieron que lidiar con la presión puesta por las generaciones que les precedían. Preguntas como: ¿Tienes novio?, ¿Cuándo te casas?, ¿Cuándo llegan los hijos?, se hacen indiscriminadamente sin conocer las circunstancias ni prestar atención a la presión que ponen sobre las mujeres.

A las mujeres solteras, desafortunadamente, en algunos contextos todavía se les mira por encima del hombro. O se les hace sentir desechadas, o se les trata como una amenaza para los matrimonios, como si por la desesperación

cualquier mujer estuviera dispuesta a meterse en el matrimonio de otra.

En 25 años en el pastoreado, he visto mujeres frustradas, desesperadas y deprimidas por la falta de una pareja.
Peor aún, he sido testigo de mujeres salir de una relación
tóxica y entrar en otra de inmediato, solo para no estar solas.
La idea de que sin un hombre y sin hijos no hay valor, sigue
plasmada en la mente de muchos. Hoy no podemos culpar
a la sociedad en general, ni a la cultura. En muchos aspectos esas creencias se han diluido y en muchos contextos
hasta desaparecido. Pero sí, hay mujeres que piensan y viven
como si su vida sencillamente no tuviera significado sin un
hombre.

Cuántas atrasan sus planes de vida, simplemente por la
búsqueda de un esposo. Yo soy defensora del matrimonio.
Creo que la unión en pareja es sagrada. Creo que la realización sexual, que es una parte importante de los seres humanos, debe hacerse en el contexto del matrimonio solamente.
Yo también aspiraba a casarme, pero mi vida no se detuvo
en la búsqueda de un marido; igualmente *ninguna mujer
debe detener su vida en busca de un marido.*

Mujer, para tú tener valor, no es prerrequisito tener
esposo e hijos. Tu vida no tiene propósito desde el momento
de tu matrimonio. La mujer soltera, la mujer sin hijos tienen
valor; tanto valor como las mujeres casadas y las que son
madres.

LAS POSESIONES NO DICTAN TU VALOR

Igualmente, hay quienes piensan que nuestra vida adquiere su valor con posesiones. El dinero, los artículos de marca, las grandes casas, y los autos costosos no son signos de valor de nadie. Ahora, no me malinterpretes. Yo no estoy diciendo que tener esas cosas es malo. Creo en la prosperidad, y no vivo bajo las falsas premisas de humildad que muchos profesan. Hago esta aclaración porque he sido blanco de ataque de muchos que justifican sus fracasos bajo la falsa premisa de que son humildes. Quienes piensan que no aspirar a grandes cosas es signo de humildad se equivocan. No aspirar a grandes cosas es signo de conformismo y falta de deseo de superación. Yo deseo superarme en todas las áreas de mi vida y te motivo a que tú también desees superarte.

Es la naturaleza del ser humano desear cosas buenas y tener lo mejor. Todo pensamiento que va en contra de esto es resultado de la aceptación de estilos de vida que no van de acuerdo con los planes de Dios para el ser humano. Dios nos dio un cuerpo perfecto, un lugar hermoso y sin defectos para vivir. ¿Es una cartera más lujosa que una flor? ¿Has visto el esplendor de la naturaleza? ¿Habrá algún artículo en un centro comercial que supere a la naturaleza de Dios? ¡Claro que no! Después de entender eso, vuelvo y aclaro. No condeno el deseo de tener cosas buenas.

Si le das a un niño a escoger entre un carro de control remoto último modelo, de colores brillantes, muchas luces, y muchas funciones o un carro de madera, pequeño, opaco, roto y que no sirve para nada, ¿cuál crees que escogería? ¿Le falta humildad al niño si no escoge el roto y dañado? ¡Claro que no! En la naturaleza del hombre, él sabe lo que es bueno y lo que es malo.

No hay pecado en desear, trabajar y esforzarse por tener cosas buenas. Es don de Dios el poder adquirirlas. Pero, al mismo tiempo tenemos que entender que las posesiones materiales no son signo de valor. Tu carro, tu casa, tus lujos facilitan tu vida, te pueden dar estatus social, pueden ser reflejo del fruto de tu trabajo, pero nunca van a lograr ser reflejo de tu valor. Tu valor y tus posesiones no están relacionados, y tener una casa grande, un auto lujoso, joyas y posesiones no son prerrequisitos para tener valor.

TUS LOGROS NO DETERMINAN TU VALOR

Finalmente, tus logros no te dan valor. Hay quienes no se enfocan en el matrimonio o en las posesiones, pero sí en los logros. Me refiero a aquellas mujeres que piensan que sus posiciones y peldaños profesionales les dan valor. Hay mujeres que se dedican en cuerpo y alma a sus carreras, y sienten que la idea del matrimonio y los hijos se convierten en un estorbo para su crecimiento, por lo cual los rechazan sobremanera. Una vez más: no hay nada malo en aspirar logros profesionales. Si deseas logros profesionales, esfuérzate, traza metas, alcánzalas, pero no pienses que serás más valiosa cuando lo logres.

¿Vale más una mujer ejecutiva que una que realiza el trabajo de limpieza? No dejo de reconocer el esfuerzo, la dedicación y los sacrificios que han hecho muchas mujeres para ocupar posiciones ejecutivas o para emprender en sus propios negocios. Pero esos sacrificios y el esfuerzo que ponemos en nuestras posiciones lo hacemos por realización personal, y no son requisito para que la vida de una mujer sea valorada.

Yo conozco los sacrificios que se realizan para tener el balance entre matrimonio e hijos, y los logros profesionales. He ocupado posiciones gerenciales en distinguidas empresas privadas a lo largo de mi vida profesional. Todas esas experiencias, para la Gloria de Dios, las he vivido. De todas he aprendido. Todas las he disfrutado. Pero estoy bien clara, como tú debes estar bien clara, que la ausencia de alguna de ellas no me hacía menos. De hecho, en el momento en que renuncié a una posición que me había costado mucho esfuerzo lograr, lo hice para casarme, y con sinceridad, no sentí que ni los logros profesionales ni el matrimonio me añadieron o quitaron valor. Lo hice porque entendí que era el próximo paso a seguir en mi vida.

VALÓRATE ASÍ COMO ERES, CON LO QUE TIENES Y LO QUE NO TIENES

No puedo aceptar, promover, ni participar del pensamiento erróneo de que algún área tiene mayor peso o es más importante que la otra. *Debemos celebrar lo que hemos* alcanzado, y no restarnos valor por lo que no tenemos. Si eres una mujer casada y con hijos, no puedes sentirte más ni menos al lado de la mujer que profesionalmente ha alcanzado títulos y posiciones. He visto los dos casos. La mujer que mira con desprecio a la profesional que no está casada y con hijos, como a la profesional que mira con desprecio a la mujer que escogió el camino de la familia.

¡Basta ya! *De la misma manera que no debes permitir que otros decidan tu valor, no decidas tú el valor de otra mujer.* No te desprecies, y no mires con desprecio a ninguna. Todas las mujeres valen. Celebra tus decisiones, tus logros, tu caminar, y valórate así como eres, con lo que tienes y lo que no tienes. Y respeta y celebra el caminar de las otras mujeres, valora sus decisiones, lo que tienen y lo que no tienen.

Adopta esta actitud hacia otras mujeres y hacia ti misma. Así como somos únicas e irrepetibles, nuestras decisiones y caminar son únicos e irrepetibles. Entiende que tu valor es incondicional e independiente de tus estudios, tu estatus marital, posesiones y logros. Tú existes, eres, vives, respiras, sientes, y has escogido.

AUN CUANDO TU VIDA NO HAYA TOMADO EL RUMBO QUE QUERÍAS, TU VIDA VALE Y TÚ VALES.

¿TE VALORAS O TE DEVALÚAS?

En el comienzo de nuestro pastoreado me tocó trabajar con una testaruda jovencita que tenía un gran talento musical. Esta joven cantaba hermoso, pero tenía un serio problema en su proyección, con el que me tocó trabajar por varios años incansablemente. Resulta, por alguna razón que al principio yo no entendía, que la joven vestía con ropa muy ceñida a su cuerpo y altamente reveladora.

Yo la corregía con amor, jamás quise que se sintiera condenada, pero no era menos cierto que una de las responsabilidades de un pastor es cuidar lo que se proyecta desde el altar. Ella siempre acudía a la excusa de que su familia poseía muy pocos recursos económicos y por eso no podía comprar ropa todo el tiempo, y eso era lo que tenía. En mis múltiples intentos de ayudarla, hasta ropa le compré. Pero resulta que siempre llegaba a los servicios con la misma ropa inapropiada.

Un día meditando en el tiempo que había invertido en educarla, y el amor con el que había cuidado de esta joven, entendí que el problema no eran los recursos económicos. El problema radicaba en el estado emocional de la joven y el valor que se daba a sí misma. El día que decidí pedirle que no cantara más en el altar, le hice claro que ella tenía que trabajar con su valor, con entender quién era. Su vestir era el producto de buscar la admiración de los hombres. Esta linda y talentosa jovencita carecía de valor propio y dependía de los elogios que recibía de los hombres para sentirse apreciada y bonita, lo cual ella hacía sinónimo de su valor propio.

Con mucho dolor en mi corazón, y siempre en el marco de respeto y amor, le dije que había pasado tiempo suficiente como para que hubiera un cambio en su conducta y que eso no había pasado, no porque fuera imposible, sino porque ella simplemente quería vestirse de esa forma. Así buscaba afuera la aprobación y el valor de los que ella carecía en su interior, y nosotros no teníamos que continuar tolerando su intransigencia.

Las decisiones que tomó esta joven en su futuro, y las consecuencias con las que conozco que lidia ahora, son el producto de no recibir el consejo, amor y cuidado de alguien que solamente quería lo mejor para ella.

Así como ella, hay muchas mujeres. He escuchado a múltiples predicadores, educadores, padres decir a sus hijas frases como "no puedes vestirte, hablar y comportarte como Nicki Minaj y pretender ser respetada como Michelle Obama". Yo misma he enfatizado este hecho innumerables veces con mis cuatro hijas, y no me cansaré de hacerlo. Tu forma de vestir, tu manera de hablar y tu comportamiento dicen si te respetas y te valoras a ti misma. Muchas mujeres se devalúan por causa de la proyección que reflejan con su ropa, por la forma en que se expresan y por cómo se comportan.

Más adelante trabajaremos otros elementos que se suman a tu vestimenta, manera de hablar y comportamiento, y cómo te añaden o te restan valor. Pero estos tres que trataremos en el próximo capítulo, son los principales componentes de tu proyección.

LA FORMACIÓN INFLUYE EN LA EXPRESIÓN DE TU VALOR

En mi casa somos tres hermanas y un varón, y mi mamá nos tuvo a todos en espacio de 6 años. Vestir a cuatro chiquitos, estar listos para salir por la puerta a tiempo y siempre lucir impecables era un arte que mi mamá dominaba con honores. Además de nuestra vestimenta, mi mamá nos enseñó a hablar y a comportarnos. Dondequiera que íbamos, todo el mundo decía: "¡Qué niños tan bien vestidos!", "¡Qué increíble hablan esos niños!", "¡Cómo se comportan; los cuatro son súper educados!".

Al principio mi mamá nos iba vistiendo uno a uno, desde la más grande hasta el más pequeño, y nos sentaba en el sofá y no podíamos movernos hasta que estuviéramos todos listos para salir. Su teoría era, si se mueven de ahí, seguro se ensucian, se estrujan (porque había que estar planchado con filo), se despeinan y tendría que volver a comenzar.

A medida que crecimos, ella nos ponía en la cama todo nuestro atuendo, de manera tal que lo único que faltaba era el cuerpito de Omayra dentro de todo lo que ella magistralmente posicionó y... ¡listo!. Ahí sobre la cama estaba todo representado tal y cómo debía llevarlo, desde lo que iba en la cabeza, ya fuera lazo, diadema, el cepillo con las gomitas si me iba a recoger el cabello, hasta los zapatos con sus medias. La imagen que dejaba sobre mi cama me decía todo.

Si íbamos a la playa, ahí estaba cada traje de baño con su toalla, las sandalias, e incluso el bultito que llevaríamos cada uno en la mano. Si íbamos a la iglesia, ahí estaba el vestido, porque a la iglesia era en vestido, con sus accesorios, con los zapatos. Si íbamos a un parque, ahí estaba el pantalón corto con su camisa, con lo que fuera que íbamos a usar para recoger el cabello. Si ella no nos decía a dónde íbamos, desde una corta edad, nosotros lo podíamos identificar por lo que había sobre la cama para ponernos.

Antes de salir, su ojo tasador supervisaba si todos habíamos hecho tal y como ella había escogido. El "caos" que hubiera sido justificado de "tengo cuatro chiquitos, no puedo controlarlos a todos y que estén bien vestidos" nunca fue una alternativa en la mente de mi mamá. Y repito, hubiera sido justificado, es decir, más que entendible. Había siempre que estar limpios, con buen olor (el perfume no podía faltar), arreglados y bien puestos.

Mi hermana más pequeña tenía un problema con el habla, y muchas veces decía las palabras fuera de orden. Mi mamá la corregía una y otra vez, con paciencia y amor, pero al mismo tiempo con la rigidez de que no iba a permitir que un impedimento detuviera su desarrollo. En su momento buscó la ayuda profesional que necesitaba, pero si mi hermana hoy habla sin desperfectos fue porque mi mamá no descansó hasta que así fuera. Vi a mi mamá enseñar a mi hermana a pensar bien antes de hablar, y a abrir su boca cuando estuviera lista para decir lo que quisiera expresar de corrido, sin tartamudear y en el orden correcto. Fueron años de mucha paciencia y consistencia.

Los hijos que no teníamos problemas del habla, igual fuimos enseñados. Había que hablar de acuerdo con el tono de voz que fuera apropiado. En la casa no se gritaba, en el parque sí. Había que esperar su turno para hablar, no podíamos hablar todos al mismo tiempo, y todos teníamos igual oportunidad de expresarnos. Era requisito hablar en oraciones completas. Palabras como el "desto" de "aquello" no eran aceptadas. Todo tiene su nombre y había que usarlos correctamente. Los "con permiso", "por favor", "buenos días", "gracias" no podían faltar. Y con una mirada sabíamos si no habíamos hecho uso de alguno de ellos e inmediatamente nos corregíamos a nosotros mismos.

Las puertas se tocaban tres veces antes de abrirlas, y había que esperar a que alguien respondiera. Al llegar a un lugar había que saludar a todos los presentes, adultos y niños. No interrumpíamos conversaciones, pero siempre había espacio para participar de la "conversación de los adultos", y dar nuestra opinión con respeto y con orden. A los adultos se les trataba de "usted".

Al día de hoy lo hago, y muchos muy amablemente me dicen "me puedes tutear", a lo que jocosamente mi respuesta siempre es la misma: "No, no puedo, porque mi mamá me regaña". Los más adultos eran "Don" o "Doña". Vivimos en un hogar donde había buen humor y risas, pero nunca burlas ofensivas o denigrantes. Las líneas de respeto para los de la casa y los de afuera estuvieron siempre bien visibles y delineadas.

Yo doy gracias a Dios que tuve una madre que me enseñó a lucir, expresarme y comportarme correctamente. Mi mamá fue muy intencional en que supiéramos que esos tres elementos podían abrirnos muchas puertas o descalificarnos en la carrera de la vida. Como muchas de nosotras, desde muy temprano descubrí que mi mamá tenía razón.

Hoy veo que esas enseñanzas fueron claves para ser lo que soy hoy. Así que me he encargado de pasar esa sabiduría a mis hijas, y oro para que ellas hagan lo mismo.

TU FORMA DE VESTIR, TU MANERA DE HABLAR Y TU COMPORTAMIENTO DICEN SI TE RESPETAS Y TE VALORAS A TI MISMA.

6

TU PROYECCIÓN HABLA DE TU VALOR

Conversemos ahora acerca de los tres principales componentes de tu proyección, que definitivamente hablan de tu valor.

TU VESTIMENTA

Tanta razón tenía mi mamá, que estudiando en la universidad un día recibí un gran honor de ser invitada a conocer y platicar con el Presidente Clinton. Yo recibí la noticia con mucho anhelo y asumí que me había invitado por mi promedio escolar, o por ser hispana. Durante las reuniones de preparación descubrí que me habían extendido la invitación por ser de las estudiantes que mejor vestidas iba a la universidad.

Hoy todavía escojo mi ropa como lo hacía mi mamá, pongo en mi cama o cuelgo en el closet mis atuendos donde solo falta Omayra adentro. Mi estilo personal es un poco más formal que lo que muchas veces se requiere. Para mí no se trata de apariencias, simplemente me siento más cómoda estando mejor vestida, y es mi predilección. Confieso que muchas veces me he sentido muy formal para ciertos lugares o para estar con ciertas personas, pero prefiero eso a lo contrario.

Intencionalmente, el mercado de mis tiendas de mujer se enfoca en la mujer profesional de 35 años o más. Con esto como premisa, nuestros diseños van conforme al estilo de vida específico de esa mujer que viaja y asiste a juntas/reuniones con ejecutivas. Nuestras piezas son conservadoras, cómodas, con telas y costura de muy alta calidad. Cualquier mujer en las piezas de mis tiendas proyecta a esa mujer profesional a la que apelamos.

El buen vestir no nos añade valor, tú ya vales. Pero el buen vestir crea en ti una sensación de bienestar y seguridad que ayudan a tu proyección. Te invito a ir a una tienda lujosa y probarte un vestido que no tengas el dinero para comprar. Esto puede parecer materialista, por favor, no me juzgues por hacer esta sugerencia hasta que vayas y lo hagas. Algunas dirían: "¡No, eso me va a traer frustración!" Otras se sentirán como si estuvieran haciendo algo inútil o ridículo. Mejor permite que te traiga motivación y atrévete a hacer cosas que salgan de tu zona de comodidad.

Procura siempre lucir de la mejor manera que puedas. Arréglate. Combínate. Péinate. Perfúmate. Maquíllate.

Muchas se preguntarán, ¿cómo lo hago, si yo no tengo ese don? Infórmate. Busca mujeres que tengan tu aspecto, tu edad, tu forma de cuerpo y mira lo que se ponen. Aprende e imita lo bueno. Jamás quiero sugerirte que luzcas algo que no está en ti o no va contigo. Y por el bien de todos, te ruego que te mantengas en el contexto de tu edad, tu forma de cuerpo y tu personalidad. No se trata de gastar dinero. Yo estoy segura de que hay cosas en tu guardarropa o que tienes acceso a piezas que pueden hacer una gran diferencia en tu estilo. Se trata de ser creativo y sacar el máximo de lo que tienes.

Disfruto de la moda. Disfruto del buen vestir. Pero, créanme, no estoy sumergida en las apariencias. Lo que hago me sale por naturaleza y por los años de experiencia trabajando en este campo. Desde niña mi madre me enseñó a vestir bien, cuido el buen vestir, aprecio el buen vestir y puedo dar fe que el buen vestir hace una gran diferencia en la percepción que las personas pueden tener acerca de nosotros.

Al igual que con tu valor, que nadie te intimide. Yo pienso que todas las mujeres son hermosas. Tú no solamente vales; tú también eres hermosa. Yo pienso que con la ciencia correcta y un toque de creatividad puedes proyectar tu mejor estilo, sin perder un kilo, sin hacerte cirugías, y sin dejarte intimidar por la modelo más alta y delgada. Te preguntarás, ¿cómo? Bien sencillo, haciendo el mejor uso de todos los elementos que comprenden tu aspecto físico. En adición a tu vestimenta, tu mirada, sonrisa y porte aportan a tu proyección.

¡Qué obsesión tienen algunas mujeres con cirugías y tratamientos para lucir mejor! ¡Qué frustración tienen otras porque piensan que nunca se verán bien por no tener el dinero para hacerlo! Mujer, ni una cosa ni la otra. Una vez más no critico lo que nadie hace, pero te garantizo que no tienes que llegar a los extremos para lucir como deseas. Como eres, con lo que tienes, puedes proyectar tu mejor "yo" si lo haces con la actitud correcta, con tus recursos, pero, sobre todo, con la confianza de saber que tú vales.

TU HABLAR Y TU ACTITUD

Pocas personas conocen el poder de sus palabras. Job 22:28 dice: *"Decidirás una cosa, y se te cumplirá, y en tus caminos resplandecerá la luz"*. Algunas versiones en inglés dicen: "Decretarás así una cosa…", es decir, "Dirás una cosa". Creo fielmente que hay un poder espiritual ligado a nuestras palabras. Pero este libro no está hecho con el propósito de estudiar grandes revelaciones de la Biblia, más bien prefiero enfocarme en la relación que hay entre tus palabras y tu actitud.

Siempre he sido fácil de palabras. Nunca he experimentado timidez para dirigirme a cualquier persona en cualquier contexto. Entre mis hermanos, siempre que había que pedir un permiso, solicitar una dirección o hacer alguna pregunta, me enviaban a mí. Y yo, ni corta ni perezosa, iba feliz y regresaba con la asignación completada.

Existe una gran polémica en decidir si nuestras palabras afectan nuestra actitud o nuestra actitud afectan nuestras palabras. ¿Hablas positivo porque te sientes positiva, o te sientes positiva porque hablas positivamente? Creo que la influencia se da en ambas direcciones. Hay días en que te puedes sentirte fabulosa, y por eso te expresarás de esa manera. Hay otros días en que te sentirás mal, pero al expresarte como si te sintieras fabulosa, te sentirás mejor.

Entiendo la carga emocional que reciben y proyectan las palabras, pero no puedo dejar de enfatizar la importancia de que hables. Con las mujeres, este tema comienza y no acaba.

¿Has escuchado esas estadísticas que certifican que las mujeres dicen miles de palabras más que un hombre en un día? Yo también. Escuchamos eso y de repente pensamos que las mujeres "hablan y hablan y no se callan". En realidad, uno de los grandes problemas que tienen las mujeres es el quedarse calladas.

MUJER, ATRÉVETE A HABLAR

La facilidad que tengo de palabras de la que te compartía hace un rato, no la tiene todo el mundo. *Atrevernos a hablar es algo que cuando no surge natural en nuestra personalidad, debe provocarse intencionalmente.* Esa frase "lo que callamos las mujeres" tiene mucho significado para aquellas contra quienes se han cometido injusticias y actos violentos, y se han quedado calladas.

Recientemente fuimos testigos del famoso movimiento *#metoo*, donde miles de mujeres en el mundo contaron por primera vez sus historias de acosos y abuso sexual. El silencio de muchas por muchos años fue sinónimo de sufrimiento, vergüenza, y exposición a más abuso. Si tú has sido abusada o molestada sexualmente, no debes callar. Debes dirigirte a la persona de autoridad que es responsable del lugar, a alguien de confianza o a algún profesional que comience escuchando, pero también que tenga la capacidad de protegerte, guiarte a las autoridades correctas y ayudarte a sanar tu dolor.

Así mismo hay sentimientos de frustración, ofensas, enojos, burlas que las mujeres callan por miedo, o simplemente porque nadie les enseñó a hablar y que sus sentimientos fueran valorados. Para hablar, hacen falta dos personas que quieran escucharse entre sí. No es tan solo hablar a oídos sordos, es hablar con quien nos valora, nos respeta y nos ayuda.

No calles tus dolores, tus sentimientos, tus emociones. Si tu hablar se hace en la justa perspectiva y con las personas correctas, tendrás el alivio y la libertad que tu alma necesita, y entenderás que tú vales. Las mujeres callan muchos sentimientos. Viven su dolor a solas sin expresar lo que realmente están sintiendo. *La mujer debe hablar, debe expresarse, debe contar su historia sin ser humillada, dando paso a la sanidad y a enmendar sus errores para no volver a cometerlos.*

EXPRESA LO QUE DESEAS

Un hombre me manifestaba recientemente la frustración que sentía con su novia cuando esta le afirmaba algo, para después decirle que se sentía de otra manera. Por ejemplo, le decía: "No tienes que venir a verme", y más adelante le decía: "En realidad sí quería que vinieras a verme". Esto lo hacen demasiadas mujeres. No saben decir lo que quieren y sienten que no son capaces de expresar sus gustos y preferencias.

Mi esposo contaba frecuentemente nuestras "grandes peleas", y con esto me refiero a decidir dónde o qué comer. ¿Te pasa a ti también? Bueno, pues en mi casa eso se terminó. Yo decidí hace algún tiempo que si me preguntan, voy a decir exactamente lo que deseo. La respuesta tradicional era: "Lo que tú quieras". *Si te están preguntando es para que tú elijas y digas lo que tú quieres. Rompe con ese patrón mental de complacencia.* Al hombre le causa frustración luego que están sentados en el restaurante de carne, saber que tú querías comida oriental. Y a ti te causa disgusto comer carne cuando querías comida oriental. Pues no le des vuelta al asunto y cuando alguien te pregunte qué prefieres, no te quedes callada y dile. ¡Problema resuelto!

¿Quién puede respetar tus deseos, sentimientos y preferencias si no te atreves ni siquiera a expresarlos, si tu primera opción es siempre quedarte callada? Yo sé que a veces las palabras no salen. También sé que a veces las mujeres no sabemos ni cómo nos sentimos. Pero eso no puede ser siempre. *Aprende a expresarte y determínate a hablar*. Créeme cuando te digo que *a alguien le importa lo que tú tengas que decir y alguien te va a escuchar. Pero callada te devalúas. Tus palabras valen.*

Además de tu actitud y de atreverte a hablar, debes saber qué hablar. De nuestra boca no puede salir cualquier cosa. Qué horror escuchar a mujeres decir: "Yo digo las cosas como las siento", o esa frase de "yo no tengo pelos en la lengua". ¡Qué horror! ¿Qué bueno puede salir de hacer las cosas por impulso y sin pensar?

Hace más de una década en una reunión de pastores, mi esposo hizo una ilustración magistral acerca de las palabras. 1 Corintios 13:11 dice: "*Cuando yo era niño, hablaba como niño, pensaba como niño, juzgaba como niño; mas cuando ya fui hombre, dejé lo que era de niño*". Pablo nos enseña cómo funciona la mente de un niño. Habla primero. Piensa segundo. Juzga de último. Así son los niños. Ellos sí dicen lo que sienten, sin pensar ni juzgar primero. Nos toca a nosotros los adultos enseñarlos a pensar y juzgar.

Las personas inteligentes no andan diciendo cada cosa como las sienten y a quien quieren. Esa es una actitud de inmadurez de un niño. Debemos primero juzgar. ¿Qué mensaje quiero llevar? ¿Qué deseo transmitir? Para entonces pensar cómo puedo llevar ese mensaje. Y, finalmente, hablar. Tampoco cometas el error de juzgar y pensar demasiado, al punto que te imposibilite hablar. Tu hablar es importante y repito… alguien te va a querer escuchar y va a valorar tus palabras.

TU COMPORTAMIENTO

Uno de mis tíos planificaba una salida con todos los sobrinos. Mi familia es muy grande y somos muchos. Mientras pensaban a quién llevar y quién no, lo escuché decir: "Si todos fueran como los hijos de Lucy (mi mamá), me los llevaba a todos, pero fulanito y sutanito no se saben comportar, esos no van". Hay personas que van a decir: "¡Qué injusto, deberían ir todos!" Lamento informarte que nadie está obligado a invitarte a nada. Para mis primos, su conducta significó no ser invitados a un pasadía familiar. Para otras personas puede significar perder una oportunidad única y de mucho valor.

Los buenos modales no pasan de moda. Yo entiendo que hay una diversificación en lo que es y lo que hoy no es apropiado, que en otros momentos lo era. Antes a una mujer se le besaba la mano para saludarla, hoy ya no. Pero no dejan de existir unos principios de conducta mínimos universales para lugares específicos como el trabajo, la iglesia, el gobierno, salas de reuniones, restaurantes. Y esos principios mínimos de conducta debemos conocerlos y aplicarlos.

Mi familia, hablando de mi esposo y mis hijas, me acusa constantemente de exagerada. En más de una ocasión he visto a mi esposo rolar los ojos y decirme en extremo desagrado: "Tú y tus protocolos". Al mismo tiempo ha estado en lugares donde antes de entrar me pregunta muy discretamente: "¿Cuál es el protocolo correcto?". Por un lado se molesta, por el otro, sabe que lo necesita. Así pasa con los modales. A veces nos incomodan, pero son necesarios para la armonía, el orden y la convivencia.

La puntualidad, el saber dirigirse y respetar a personas de autoridad, saber comportarse en lugares públicos y privados, tiene recompensa y nos armoniza nuestro valor propio. Al igual que la vestimenta y nuestro hablar, los modales no nos dan valor, pero nos pone en sincronía con el valor que nos damos a nosotras mismas. *Los buenos modales facilitan la convivencia con otros, pero también afirman nuestro valor propio. No se trata de solo mostrarles respeto a los otros; se trata de respetarte a ti misma.*

¿Eres una exagerada con los buenos modales al igual que yo? Primero, dale gracias a Dios que alguien te enseñó su importancia. Segundo, no mires a nadie por encima del hombro por no tener buenos modales. No todo el mundo tiene la bendición de que alguien se los enseñe. En la medida que tú puedas, ayuda y enseña a quien lo necesite, sin denigrar ni hacer sentir mal a nadie.

Si hoy analizas tu vida y sientes que careces de algunos modales, no te lamentes sin hacer nada al respecto. Yo te exhorto a que te eduques. Estudia modales. Aprende el comportamiento apropiado en una mesa, en una reunión. Conoce cómo dirigirte a diferentes personas en diferentes contextos. Aprende a proyectar cortesía, sé considerada con los otros, expresa tu educación y respeto.

La joven con el talento musical sobre quien te compartí hace un rato, tenía una madre que había sido criada en la iglesia y había sufrido mucho por la religión que quiere controlar lo que te pones y cómo te lo pones. Hago la aclaración, ese no era mi caso para con su hija. Por años le permitimos y le toleramos mucho a esta jovencita. Como les dije, mi trato con ella siempre fue lleno de amor y respeto. Su vestimenta era el deseo de aprobación donde quería sentirse admirada por los hombres.

Ese era su único objetivo, y fue evidente para mí; por eso le pedí que no cantara más en el altar. Su mamá no pudo enseñarle que más importante que elogios de los hombres, era que ella supiera cuánto valía. Yo intenté enseñarla, pero no recibió la revelación. Su madre había sido demasiado marcada por la religión. Por eso, dio a su hija la libertad que ella no recibió, sin darle las herramientas para entender que sin valorarse a sí misma sus decisiones iban a ser erradas.

Con mi vestimenta mi mamá me enseñó a mostrar a una niña, joven y mujer que respeta su cuerpo. Con mis palabras me enseñó a expresar mis pensamientos, deseos, y a dar lugar a mi inteligencia. Con mi comportamiento mi mamá me enseñó a proyectar respeto, y me ayudó a que las puertas se abrieran delante de mí.

La palabra proyección puede ser confusa porque puede enfocarte en lo de afuera. Si vas al banco a retirar dinero, alguien tiene que haber depositado algo primero. Si vas a la nevera a buscar comida, alguien tiene que haber ido al mercado y ponerla allí. Si vas a usar tu auto, alguien tiene que haberle puesto gasolina para que funcione. Proyección es lo que otros ven y perciben de ti. Pero, *para que la proyección sea la correcta, lo que está dentro de ti tiene que estar correcto.*

Tu vestir, tus palabras, tu comportamiento son elementos importantes en tu proyección, pero van a ser correctos solamente cuando lo que está dentro de ti es correcto. No se trata solamente de lo que otros perciban de ti y de recibir su aprobación. Se trata de que dentro de ti estén el valor y los elementos correctos. Si dentro de ti hay valor y respeto, así se va a proyectar afuera. Con tu vestimenta, tus palabras y tu comportamiento o proyectas el valor que tienes, o te devalúas.

APRENDE A EXPRESARTE Y DETERMÍNATE A HABLAR. CALLADA TE DEVALÚAS. TUS PALABRAS VALEN.

¿DÓNDE Y CUÁNDO PERDISTE TU VALOR?

Un día llegó a mi oficina en la iglesia una mujer llorando, desesperada. Me contó que su esposo se acababa de ir de la casa. Se sentía sin rumbo, abandonada, no sabía qué sería de su futuro. Me contó que llevaban más de 20 años juntos. Ella se dedicaba en cuerpo y alma a él, a sus hijos, a su casa. Llorando me decía: "Pastora, a ese hombre yo le planchaba hasta los calzoncillos".

Le pregunté cómo había sido la relación durante esos 20 años y para mi sorpresa había sido de abuso, humillaciones, malos ratos. ¿Por qué digo para mi sorpresa? Porque la angustia y la desesperación que mostraban esta mujer eran como si hubiera perdido a un buen hombre. Para colmo, él se estaba yendo de la casa para estar con otra mujer.

Hago una pausa para aclarar que no soy de la mentalidad que "los hombres son los malos y las mujeres son las buenas". Tampoco soy de la mentalidad que asume que porque somos mujeres tenemos que tolerarles todo a los hombres. Mi punto de vista y enfoque con los hombres, lo considero balanceado y justo. Igualmente creo en el matrimonio; no promuevo el divorcio, pero tampoco lo condeno. Creo que hay circunstancias específicas para cada persona, y que de acuerdo con ellas les toca tomar sus decisiones. Esos son mis planteamientos básicos en cuanto a los hombres y el matrimonio, creyendo que en la vida tenemos que tener flexibilidad para no condenar ni juzgar a nadie.

Luego de decir eso, explico que yo no entendía la desesperación y el sentido de pérdida que tenía esta mujer cuando evidentemente él no era un buen hombre. Yo en su caso hubiera sentido alivio en el momento en que él salió por la puerta con intenciones de no regresar. Ella buscó ayuda cuando él se fue de la casa. Cuando le pegaba, en sus otras múltiples infidelidades, cuando la denigraba, no buscó ayuda. Ese comportamiento lo toleraba. No fue hasta que pensó que era el final y se sintió sin rumbo, porque él ya no estaría allí, que acudió a alguien que podía darle un buen consejo y guiarla.

Probablemente, como muchas mujeres, ella podía sentir que su valor se perdió el día que su matrimonio vio el fin. La realidad es que ese fue el día que ella se dio cuenta de que había perdido su valor. Su valor se fue perdiendo en cada experiencia que le produjo miedo, culpabilidad, vergüenza, melancolía, depresión, y rechazo. Cada una de estas palabras es fuerte. Pero es lo que sienten las mujeres a consecuencias de sus experiencias negativas. Lo triste es que lo toleran y lo aceptan como si no tuvieran alternativa.

El valor no se pierde al final del camino cuando ya no se puede hacer nada. Ese es el día que abres el frasco y te das cuenta de que está vacío. El valor se pierde en cada incidente que hace que salga un chispito del contenido del frasco. El valor se pierde con cada palabra áspera, con cada golpe, con cada mentira, con cada infidelidad, con cada desilusión. El valor se va perdiendo de poquito en poquito, hasta que un triste día te das cuenta de que ya no queda nada.

LA CULPA QUE SE INFLIGE EN LA MUJER

De las experiencias negativas podemos sacar muchas cosas buenas. Por ejemplo, un área donde muchas personas se confunden es con la culpa. Sé que muchas mujeres viven con un sentido de culpa inmenso. *Una cosa es la culpa que sentimos cuando nos equivocamos, y otra muy diferente es la culpa que nos lleva a manifestar vergüenza.* La culpa producto de nuestros errores es la que nuestros padres infligen en nosotros para crearnos conciencia acerca de un error, hacernos reflexionar y enmendar nuestros caminos. En ese sentido, la culpa es un ejercicio positivo que nos ayuda a modificar nuestro carácter. Si tomamos sin permiso lo que no es nuestro, el sentido de culpa te ayuda a entender que esa acción no es correcta, no es aceptada, y que de la misma manera que no quieres que nadie tome sin permiso lo que es tuyo, entonces no debemos hacerlo con los otros.

CULPA Y VERGUENZA

La culpa deja de ser productiva y beneficiosa cuando abre paso a comportamientos destructivos e hirientes, y nos hace caer en vergüenza. En esa dirección y con esa profundidad, la culpa, ya transformada en vergüenza, se puede convertir en una facultad de imperfección que nos puede llevar a sentirnos devaluadas al punto que pensemos que no hay remedio. Esto hace que una mujer caiga en los mismos errores una y otra vez.

Esta es la culpa que muchas mujeres sienten cuando han escogido a la pareja equivocada. Esa es la culpa que las mujeres sienten cuando les fallan a sus familias y tienen hijos fuera del matrimonio. Esa es la culpa que las mujeres sienten cuando crían solas a sus hijos, sin un padre. *La intensidad de la culpa y la vergüenza con la que trabajas es la diferencia entre decirte a ti misma "estoy ante un desastre" o "yo soy el desastre".*

La vergüenza dice que eres mala, porque hiciste algo malo. La vergüenza es correlacional con los problemas de adicción, depresión, acoso escolar, suicidios, trastornos alimentarios, violencia, y agresión. Todos estos males aquejan a millones de mujeres en el mundo. Es posible que tú en algún momento hayas experimentado alguno de ellos.

Con la mentalidad de vergüenza, una mujer entonces acepta los comentarios negativos, el abuso físico y emocional, y el comportamiento inapropiado, porque piensa que se lo merece. La vergüenza y la culpa provoca pensamientos que llevan a la mujer a decirse a sí misma: "Yo no puedo tener una buena vida, yo no merezco ser feliz, yo no sirvo para nada".

Para el hombre, el concepto de la vergüenza es muy diferente al de la mujer. El hombre simplemente se le enseña a no ser débil, y la debilidad es la raíz de la vergüenza de la mayoría de los hombres. Por ejemplo, a un hombre le da vergüenza reconocer que es estéril, la pérdida del cabello, no tener una barba tan abundante, o no tener talento para algún deporte.

Para una mujer, la vergüenza muchas veces tiene que ver con la incapacidad de ser y hacer todo. *Del supuesto sexo más débil se esperan los resultados más fuertes.* De una mujer se espera que siempre luzca bien, que tenga un matrimonio feliz, hijos perfectos y un hogar impecable. De algunas se espera que también tengan éxito en el campo profesional. No poder lucir perfecta o hacer todo perfectamente produce vergüenza en la mujer. La ausencia de uno de esos elementos o alguna falla, por mínima que sea, trae culpa y vergüenza.

En el hombre no se inflige vergüenza por sus experiencias sexuales, en la mujer sí. La sociedad machista promueve que el hombre tenga experiencias sexuales desde temprana edad y aún fuera del matrimonio. De hecho, la falta de la experiencia sexual lo hace débil. Incluso, el joven varón que no ha tenido experiencias sexuales es objeto de burla, lo cual le produce vergüenza. En la mujer, se promueve todo lo contrario. Para la mujer se promueve el concepto de pérdida de perfección si tiene experiencias sexuales a temprana edad y fuera del matrimonio.

Yo creo en la abstinencia sexual antes del matrimonio tanto para la mujer como para el hombre. Creo que ambos deben llegar vírgenes al matrimonio por todos sus beneficios físicos, emocionales y espirituales. Físicamente, una pareja que llega virgen al matrimonio, entre otras cosas, viene libre de enfermedades de transmisión sexual. Emocionalmente la virginidad elimina el bagaje que muchos traen a sus parejas por las experiencias sexuales del pasado. Lamentablemente, la libertad sexual que se promueve no toma en consideración los aspectos emocionales de tener múltiples parejas sexuales. Espiritualmente, la virginidad es la forma más pura de comenzar una relación en pareja.

HUMILLACIÓN

Lamentable y erróneamente, específicamente en la mujer, y solo para la mujer, en la ausencia de su virginidad recibe el trato de ser una mujer de segunda clase. Se le desestima, y se le hace sentir indigna y baja; a veces se le trata como un desperdicio. He conocido a muchas mujeres a lo largo de mi vida ministerial que son víctimas de desprecio y humillación por causa de decisiones apresuradas y erradas en su vida sexual. Muchas no tuvieron el cuidado y la educación necesarios para que sus decisiones fueran diferentes. Otras fueron engañadas con manipulación de quienes exigieron pruebas de amor y prometieron amarlas para siempre. Al final, la mayoría queda con el sentimiento de haber sido usada, desechada y marcada.

PRESIÓN POR SU FÍSICO

La presión por el físico en la mujer también es muy fuerte. Ante la ausencia de un rostro y cuerpo de modelo de revista, la burla y los señalamientos de las imperfecciones físicas producen tanta vergüenza en la mujer, que la llevan a esconderse. ¡Cuántas mujeres luchan con su peso toda la vida! Algunas por ser gorditas y otras por ser muy flaquitas. Pasa también con el cabello. Cuántas mujeres con el cabello lacio lo quieren rizo, y cuántas con el cabello rizo lo quieren lacio. Hay mucha inconformidad en el aspecto físico, pero el mismo es aumentado por la burla y los comentarios a los que nos exponemos al respecto. Los desperfectos en la piel, alguna facción exagerada del rostro, o desproporción en cualquier parte del cuerpo, son elementos que hacen que la mujer sienta inseguridad y vergüenza.

RESPONSABILIDADES IMPUESTAS SOBRE LA MUJER

LA CAÍDA DEL HOMBRE

¿Te has dado cuenta de todas las culpas y responsabilidades que cargamos las mujeres? En el Edén la Biblia claramente dice que los ojos de ambos se abrieron cuando el hombre comió del fruto (ver Génesis 3:7). La serpiente los engañó. El hombre que fue quien recibió la instrucción de Dios y no la mujer. El hombre fue quien desobedeció y no fue hasta el momento en que él comió que se abrieron los ojos de ambos. Sin embargo, la culpa de la entrada del pecado a la tierra la ha cargado la mujer por toda la eternidad.

Todos fueron responsables: serpiente, mujer y hombre. Todos recibieron las consecuencias de sus actos. Ahí se ve claro en Génesis. Dios habló las consecuencias de sus actos sobre la serpiente, el hombre y la mujer. Sin embargo, el énfasis, la culpabilidad y toda la responsabilidad siempre se pone en la mujer.

SORPRENDIDA EN ADULTERIO

Así mismo pasó en Juan 8:3, cuando trajeron a Jesús una mujer sorprendida en adulterio. ¿Has escuchado esta historia? Inmediatamente querían apedrearla. La lapidación era una práctica de los tiempos bíblicos. Mientras es obvio que la mujer no podía adulterar sola, la verdad es que en el caso de esta escritura no se hace mención alguna del hombre, ni se establece una sentencia sobre él. Solo se menciona, se acusa y se sentencia a la mujer. Afortunadamente, Jesús estuvo presente e inmediatamente avergonzó a los acusadores y libró a esa mujer de su sentencia de muerte.

EL FRACASO MATRIMONIAL

Cuando hay un fracaso matrimonial, muchas veces se le hace sentir a la mujer que algo faltó en ella. Ante un divorcio o separación se cuestiona y se pone en tela de juicio el carácter de la mujer porque no pudo "retener a un hombre a su lado". No digo que se responsabilice al hombre de inmediato. La realidad es que generalmente vemos que se culpa a uno de los dos solamente, y un matrimonio es una relación de dos personas, por lo cual un fracaso debe de alguna forma ser responsabilidad de ambas partes. Cuando se hace el compromiso del matrimonio ambos hacen el mismo compromiso. Y ante un fracaso matrimonial ambos tienen responsabilidad. Pero en general, y muy lamentablemente, la mayoría de las veces las mujeres cargan con la responsabilidad.

PROBLEMAS DE LOS HIJOS

Ante las imperfecciones de los hijos, es muy común que también se responsabilice a la madre. Muy rara vez vemos que se ponga el mismo peso en el hombre. La mujer es juzgada como incapaz y deficiente si los hijos no tienen buenas calificaciones, no se saben comportar o no lucen bien. ¿Crees que el hombre carga la misma carga en la crianza de los hijos que las mujeres? Para la mayoría de las personas un hijo "malcriado", por regla general, es culpa de la mamá.

UNA CASA IMPECABLE

En la ausencia del hogar impecable toda la responsabilidad cae sobre la mujer. Somos las mujeres, en la mayoría de los casos, quienes cargamos con toda la responsabilidad de la limpieza del hogar. Andamos recogiendo a nuestro paso todo lo que está fuera de lugar. Acomodamos las tareas de limpieza en nuestra larga lista de responsabilidades. Gloria a Dios por las que han aprendido a delegar, pero aún el delegar en los hijos trae las cargas de hacer justicia entre todos para que ninguno tenga una carga más pesada, y el recompensar cuando hacen las cosas tan bien como nosotras. A la hora de la verdad, generalmente, terminamos llevando el 100% de la responsabilidad sin muchas alternativas delante de nosotras.

TRABAJAR FUERA O QUEDARSE EN EL HOGAR

La mujer que elige trabajar en el hogar siente la vergüenza de no tener un trabajo afuera y no aportar financieramente al hogar. A la mujer que trabaja fuera se le inflige culpabilidad por restarle tiempo a los hijos, el esposo y su casa. Encontrar balance entre el trabajo y la familia es un gran reto para muchas mujeres.

Nunca olvido el caso de una amiga que estaba levantando su propio negocio como extranjera en el país. Comenzó haciéndolo de soltera. Luego que se casó y tuvo su primer hijo todo cambió. Un día, al saludarla, vi confusión en su rostro. Inmediatamente sentí en mi corazón que estaba luchando entre continuar emprendiendo o dedicar el cien por ciento de su tiempo a su familia. Ese debate emocional lo sufren muchas mujeres. Mi consejo para ella fue que hiciera lo que entendiera que le iba a traer mayor satisfacción y mejores resultados para el futuro de todos.

Lamentablemente, muchas mujeres toman decisiones tan importantes como esas impulsadas por la culpabilidad o por manipulaciones emocionales. Le hice énfasis en que no se dejara poner presión por nadie. Tuvimos una larga conversación. Era importante que ella entendiera que la decisión estaba en sus manos y que no tenía que sentir culpabilidad por cualquiera fuera su decisión.

¿Qué experiencia marcó tu vida? ¿En qué momento has sentido que no vales? ¿Quién te marcó con ásperas palabras restándote valor? ¿Quién puso una mano sobre ti para maltratarte? ¿Cuáles fueron las circunstancias que te dejaron desprovista, al punto de sentirte desnuda ante la vida? ¿En qué áreas sientes que no eres perfecta y te avergüenzas? ¿Quién te dijo que tú *no vales*? ¿En qué momento creíste y aceptaste la idea de *que tú no vales*? Con eso vamos a trabajar en estos próximos capítulos.

EL VALOR NO SE PIERDE AL FINAL DEL CAMINO CUANDO YA NO SE PUEDE HACER NADA. EL VALOR SE VA PERDIENDO DE POQUITO EN POQUITO, HASTA QUE UN TRISTE DÍA TE DAS CUENTA DE QUE YA NO QUEDA NADA.

CUANDO ALGUIEN DICE QUE NO VALES

Cuando tenemos niños pequeños, una de las facultades que nos adjudicamos las madres es conocer el llanto de nuestros hijos. Ciertamente, cuando mis hijas lloraban por hambre, no era igual a cuando lloraban por sueño. El sonido del llanto, el tipo de gemido, y hasta el volumen es diferente para cada situación. A la distancia yo podía establecer la diferencia.

Sin embargo, en una ocasión ya siendo más grandecitas, una de ellas lloraba angustiosamente. Yo pensé que le había pasado algo grave, que se había caído, que había sufrido un golpe. Para mi sorpresa, lloraba porque una amiguita la había excluido de su cumpleaños. La mayoría de los niños en su clase habían recibido invitación para la fiesta, y mi hija, a sus tiernos 8 años, no había sido invitada.

La reacción de muchos padres es no darles importancia a eventos como estos, porque asumimos y sabemos que cuando sean grandes, ni se van a acordar. Más adelante en la vida, descubrimos que no ir a una fiesta de cumpleaños no es el fin del mundo. Pero, en ese momento, esa experiencia es dolorosa porque sientes rechazo. Quizás para nosotros los adultos no es una situación de mucha importancia, pero para nuestros hijos, los sentimientos son intensos, reales y las heridas se sienten muy profundas.

De hecho, se hizo un estudio donde se les pidió a pacientes dentro de una máquina de resonancia magnética que recordaran eventos de rechazo. Las áreas del celebro que se activaron fueron las mismas áreas que se activan cuando sentimos dolor físico. Mi hija lloraba con la angustia del dolor como si hubiera recibido un golpe físico, porque en efecto eso era lo que sentía.

LA FAMILIA

Así mismo, he visto el dolor en los ojos de muchas mujeres que he atendido en mi oficina a lo largo de mi servicio a Dios como pastora. Ya he perdido la cuenta de la cantidad de mujeres que con lágrimas en sus ojos me han confesado cómo sus padres las devaluaron haciéndolas sentir menos por no haber nacido varón.

Por ejemplo, una joven en el ministerio me confesaba el dolor que sentía al haber dado todo por la iglesia, y ser marginada el día que su hermano más pequeño decidió pastorear. Era evidente que la única razón por la cual él fue ascendido a una posición de mayor liderazgo que ella, a pesar de sus años de servicio, era por ser hombre, y no por sus contribuciones, talento, atributos, ni el llamado. Así mismo sucede en el mundo laboral, en empresas familiares. Se dan muchos casos donde los hijos varones ocupan plazas de mayor prestigio, tan solo por su género.

Se dan también muchos casos donde las madres devalúan a sus hijas. El sentido común nos dice que una madre debe querer lo mejor para sus hijos. Lamentablemente, no todas las madres son así. El libro *Will I Ever Be Good Enough?*, de Karyl McBride (Free Press, 2008), expone el efecto de las madres egoístas y narcisistas que ven en sus hijas una amenaza. He atendido casos de madres que sienten celos de sus hijas por su belleza, juventud y/o inteligencia. Estas madres devalúan a sus hijas haciendo énfasis exagerado en sus defectos y deficiencias, lacerando así la autoestima y el valor propio de sus hijas.

Igualmente, hay mujeres que han sentido el rechazo de sus madres porque los padres les dan más atención a ellas como hijas. O simplemente, por ser el producto de una relación equivocada, hay madres que marginan a sus hijas y las hacen sentir devaluadas.

No todos los casos son así. Honro a hogares que dan el mismo valor y oportunidades a las hijas y a los hijos.

Doy gracias a Dios por mis padres, que teniendo tres hijas mujeres y un hijo varón nos trataron a todos por igual. En mi casa, todos teníamos responsabilidad en las tareas en el hogar, todos estudiamos, todos fuimos inspirados a luchar por nuestros sueños y deseos sin importar si éramos niños o niñas. Aun así, las niñas fuimos criadas muy femeninas y mi hermano fue criado muy masculino. Mis padres supieron encontrar el balance de no marginar por género, y al mismo tiempo infundirnos los valores característicos de cada uno.

En las relaciones familiares, aún los hermanos causan grandes efectos en nuestro valor. Algo de lo que no me siento orgullosa es que mi hermana más pequeña un día, ya de adulta, me confesara que de pequeña lloraba y sufría mucho a solas, porque mis hermanos y yo le decíamos constantemente que ella era adoptada, que la habíamos encontrado en un bote de basura.

Con sinceridad, ni recuerdo de dónde surgió la broma que por tantos años pensamos que era tan jocosa. Esas son las bromas que nos hacemos entre hermanos y no sabemos los efectos que pueden tener. Yo me sentí súper mal. Le pedí perdón mil veces. Para nosotros era una broma de hermanos que jamás pensamos que ella tomara en serio. Para ella, era motivo de tristeza, preocupación e interrogantes.

Hay mujeres que lidian con ser tratadas como ciudadanos de segunda clase dentro de sus círculos familiares. Sus esposos les son infieles, no les toman en cuenta para las decisiones familiares y/o las tratan como sirvientas. Sus hijos les faltan el respeto, no les muestran amor o desprecian su vida. Sus familias las abandonan en los momentos difíciles, rechazan a sus esposos e hijos, o no les dan el trato que reciben otros miembros de la familia. Mientras más íntima y cercana la relación de familia en conflicto, más se afecta nuestro valor propio.

"No podemos escoger a nuestra familia" es un dicho muy popular. Suena muy filosófico y las personas lo dan por cierto. Sin embargo, no es totalmente cierto; yo diría que es una verdad a medias. Quizás tú no puedes escoger a tus padres o a tus hermanos. Pero la familia que vas a tener sí puedes escogerla.

En nuestra sociedad, hago la salvedad porque no es así en todos los casos, y en los tiempos que vivimos, nuestras parejas son nuestra decisión. Con razón o sin razón, es posible que hayas recibido resistencia de tus padres por tu pareja, pero ellos no la escogieron por ti. Fuiste tú. La cantidad de hijos que vas a tener, qué educación les vas a dar, todo eso lo decides tú. Es decir, tú sí tienes la capacidad de escoger a tu familia, no en la que naciste, pero sí la que vas a formar.

Estas palabras en las manos de una joven hacen una gran diferencia para su futuro. Nuestra iglesia cuenta con un colegio, y en cada actividad donde salen a la luz tantas situaciones familiares de nuestros estudiantes, siempre les hago la misma advertencia a las empleadas que son solteras. "Escojan bien con quien se van a casar", "Piensen bien con quien van a formar una familia."

He consolado a niños llorando y decepcionados porque su papá o mamá le prometió ir a la graduación y no llega. He hecho excepciones a madres frustradas que van a la oficina pidiendo una prórroga para los pagos porque no han recibido la pensión alimentaria. He atendido a estudiantes que bajan su promedio y su desempeño porque sus padres se están divorciando. Cada situación puede ser de aprendizaje para quienes no han formado una familia todavía; no para causar miedo ni rechazo al compromiso del matrimonio, sino para buscar las características correctas en esa pareja con quienes aspiramos a formar una familia.

Así que la pregunta obligada es: "¿Qué hago cuando ya las decisiones están tomadas?. ¡Ya me casé! ¡Ya tengo mis hijos! ¿Es demasiado tarde para mí?". Creo que hay esperanza de que tengas los resultados que esperas. Yo creo que las cosas siempre pueden cambiar. La fe, la oración, la toma de decisiones, todos estos factores pueden cambiar cualquier situación. Darse por vencido y rendirse no es la alternativa.

EL MUNDO LABORAL

En el mundo laboral sucede también. Muchas mujeres que ponen su mejor esfuerzo, dan lo mejor de sí en sus trabajos día a día pueden sentirse devaluadas por el trato que reciben de un jefe. ¿A cuántas mujeres se les pasa por alto su esfuerzo y su trabajo en el momento de dar una promoción, y se le otorga a alguien menos calificado? *Sentimos que nos dicen que no valemos cuando se pasa por alto nuestro compromiso y dedicación a una empresa.* Cuando por un lado somos devaluadas por nuestra condición de "ser mujer" al tener que lidiar en nuestros trabajos con las situaciones que surgen en nuestras familias, por el otro, muchas veces no recibimos el reconocimiento de nuestras fortalezas por la misma condición de ser mujer.

Me explico. Se dan muchos casos donde somos excluidas de proyectos especiales porque nuestro compromiso familiar no nos va a permitir trabajar las horas extras necesarias, y tener el enfoque que se requiere. Sin embargo, la capacidad de manejar a una familia y un empleo es la misma que nos permite lidiar con situaciones inesperadas más efectivamente, activa nuestra creatividad para resolver situaciones fuera de lo común, y nos habilita para hacer más de una cosa importante a la vez.

Quizá con estos ejemplos y situaciones te puedes identificar, pero no necesariamente encontrar el momento en donde te dijeron: "Tú no vales". A veces, las palabras textuales no hacen falta, porque es el cómo nos hace sentir cada una de estas situaciones lo que nos hace casi escuchar esas palabras, aunque textualmente nunca nadie nos las haya dicho.

EL DAÑO DEL LENGUAJE HOSTIL

Generalmente asociamos a las relaciones de pareja la experiencia de que alguien nos devalúa con sus palabras. En efecto, he atendido cientos de mujeres que sienten que se les desgarra el alma cuando sus esposos les han dicho que no las aman, que ya ellas no tienen valor para ellos; al momento de abandonarlas, la mayoría de las veces por otra mujer. Soy consciente de que este libro pasará por las manos de miles de mujeres que han vivido experiencias indeseables escuchando palabras degradantes de quienes un día les prometieron amor eterno y que siempre las iban a proteger. Muchas mujeres aceptan patrones de abuso verbal porque no entienden cómo les afectas física y emocionalmente esas experiencias.

En el libro *Words Can Change Your Brain*, del Dr. Andrew Newberg y Mark Robert Waldman (Avery 2012) explican cómo las palabras positivas como "amor" y "paz" fortalecen el área frontal de nuestro cerebro, mejorando el funcionamiento cognitivo. Por otro lado, el lenguaje hostil interrumpe la producción de neuroquímicos que nos protegen del estrés. Una sola palabra negativa puede activar el centro de nuestro cerebro, desatando la producción de hormonas y neurotransmisores de estrés, que a su vez interrumpen el funcionamiento normal de nuestro cerebro. Es decir, que *las palabras negativas nos marcan emocionalmente, pero también nos dañan físicamente.*

Yo me he preguntado muchas veces, ¿qué puede motivar a una persona a devaluar a otra con palabras denigrantes e hirientes? Lamentablemente, no tengo una respuesta. Muchos no se dan cuenta que las palabras negativas no benefician a nadie. En el furor de un coraje, todos somos expuestos a decir palabras de las que luego nos arrepentimos.

Hablar menosprecio y devaluación a otra persona no te añade valor a ti, pero puede, equivocadamente, ser un agente para liberar nuestro dolor propio y frustraciones. Por otro lado, he podido ver que esa conducta muchas veces procede de patrones aprendidos. Alguien los devaluó a ellos, y por consiguiente hacen lo mismo a otros.

El ser humano está hecho para relacionarnos. Los psicólogos describen este fenómeno como la necesidad de afiliación. El no recibir una invitación a un cumpleaños, que todos salgan a almorzar juntos en el trabajo y nos quedemos solas, que nadie nos saque a bailar en una fiesta nos hace sentir rechazadas. *Ante la ausencia de conexión con familiares, amigos, y colegas nos sentimos devaluadas, sin derecho al amor, sin sentido de perten*encia. Aunque hay momentos cuando la frustración y el dolor te pueden hacer desear vivir sola en una isla, sin nadie, no es una realidad, y probablemente nunca será posible. Siempre vamos a estar expuestas a relaciones familiares, laborales y de pareja.

HAY TRES COSAS IMPORTANTES QUE DEBES ANALIZAR Y APRENDER DE ESTE CAPÍTULO.

Primero, no propagues esta conducta. Analiza si de alguna manera has hecho a otros lo que un día alguien te hizo a ti, y te dolió o te marcó. Quizás tú has dicho palabras denigrantes a tu pareja, o a tus padres, o a tus hijos, y hoy es posible que te escudes bajo la excusa de que "me lo hicieron a mí primero". Ante ese débil argumento, tengo que decirte

¡no más! *Basta de palabras insultantes en cualquier contexto.* Si tus padres te devaluaron con sus palabras, no lo hagas a tus hijos. Si tus hermanos te devaluaron, no permitas que esto pase una próxima vez. Si en tu trabajo te devaluaron, no lo hagas a nadie. Si tu pareja te hirió con palabras denigrantes, no respondas de la misma manera. Busca la justicia y valora a tus seres queridos, amigos y compañeros de trabajo.

Segundo, perdona. Suena difícil, pero es seguro que con estas palabras anteriores puedes entender el contexto en el que alguien te hizo partícipe de su dolor personal y frustraciones al quitarte valor con sus palabras. Mientras por un lado pueden haberte marcado negativamente, por el otro, es tu decisión si permites que ese daño sea permanente, o si decides que sea pasajero.

Una amiga pastora fue víctima del abuso sexual de un tío, al que antes de morir ella sostuvo financieramente y ayudó en el peor momento de su vida. Le pregunté: "¿Cómo pudiste hacer eso, cuando fue la persona que te infligió tanto dolor y te devaluó tanto?". Sus palabras me impresionaron; me dijo: "Lo perdoné. Entendí que su comportamiento hacia mí era incorrecto, pero que yo no tenía que vivir con sus errores, y si yo no perdonaba, viviría con el mío". Se requiere mucha madurez espiritual para entender esto.

Verbalmente, en voz alta, di: "Perdono a _____, quien con sus palabras me causó dolor. Hoy soy libre de ese dolor y me muevo hacia delante".

Perdonar no quita la responsabilidad de la otra persona, *pero te libera a ti de la carga emocional que llevas.* En cuanto a estar cerca o lejos de las personas que nos hieren con sus palabras, la realidad es que debes alejarte hasta que las emociones sanen y puedas lidiar con la situación. *El permanecer en contacto con las personas que nos hirieron, muchas veces no permite que nuestro corazón sane, y puede ser contraproducente.*

Tercero, háblate a ti misma y repara el daño de las palabras de otros. Estudios psicológicos han demostrado que las palabras afectivas pueden amortiguar las respuestas emocionales. Es decir, que mientras las palabras negativas nos causan efectos negativos, las palabras positivas no solo causan efectos positivos, sino que reparan el daño de las palabras negativas.

Mírate al espejo y dite a ti misma lo contrario a las palabras negativas que alguien te dijo. Si alguien te dijo "fea", mírate a ti misma y dite cuán hermosa eres. Si alguien te dijo que jamás avanzarías en un empleo, dite a ti misma que delante de ti hay puertas abiertas que vas a encontrar y vas a entrar por ellas. Si alguien algún día te dijo que eras una basura, dite a ti misma cuán valiosa eres.

SI ALGUIEN TE DIJO QUE NO TE AMABA, DITE A TI MISMA CUÁNTO TÚ TE AMAS.

CUANDO LAS CIRCUNSTANCIAS TE DICEN QUE NO VALES

"¿Qué está mal contigo?", le pregunté a una mujer en consejería. Su respuesta fue: "¡Todo!". Tenía problemas en la familia, económicos, en el empleo. Todo estaba mal y poniéndose peor.

Una tercera parte de la población se siente insatisfecha con sus circunstancias. Muchas personas se avergüenzan de su crianza y del lugar de donde salieron. Otros encuentran mil defectos a su familia, y quisieran cambiar muchas cosas. Los problemas económicos, los problemas sociales afectan y desaniman a muchos. La cantidad de personas que detestan sus trabajos y a diario luchan para estar allí es increíble.

Es muy probable que si te pregunto qué cambiarías de tu presente, tu lista también incluiría mucho de estos elementos. Nuestras circunstancias afectan cómo nos sentimos y las decisiones que tomamos.

Las circunstancias presentes de nuestras familias afectan a las mujeres, entre muchas cosas por las expectativas que hay sobre nosotras. Se espera que como hijas seamos obedientes, sumisas. A las hijas generalmente se les enseña a enfocarse en su gracia y belleza, en lugar de las capacidades intelectuales. Las mujeres, en su mayoría, somos educadas para creer que tener un esposo, casa e hijos es la máxima expresión de nuestro potencial, y que para alcanzarlo debemos estar arregladas y ser sumisas, y con eso será suficiente. En la vejez de nuestros padres, se espera que solo las hijas nos hagamos cargo de cuidarlos.

Mientras no pretendo apoyar todos los pensamientos feministas que luchan día a día con estos parámetros sociales que enfrentamos las mujeres, me es preciso mencionar cómo los mismos causan presión y expectativas equivocadas de lo que es la vida "ideal" de una mujer. Ciertamente, muchas mujeres sienten la presión de las expectativas que hay sobre ellas por causa de las circunstancias familiares. Con esto sí quiero decir que son las mujeres quienes en su mayoría sienten las presiones del matrimonio, los hijos, cuidados de familiares extendidos, a diferencia de los hombres, de quienes, en general, solo se espera que tengan un trabajo y sean buenos proveedores.

Hay mujeres que son señaladas y valoradas por su estatus marital. Por alguna razón, se asocia a la mujer soltera con una vida triste, de soledad y defectuosa. Lamentablemente, son las mismas mujeres quienes muchas veces se ponen esa presión. Al momento de publicar este libro, estoy acabando de cumplir 25 años de matrimonio con mi esposo. Siempre fue mi deseo casarme y doy gracias a Dios que encontré joven a mi pareja. Sin embargo, no es el caso de todas las mujeres que desean casarse, y hago esta aclaración porque no es el deseo de todas las mujeres tener un esposo.

La mujer que no desee casarse, que viva feliz soltera. *No permitas que nadie asocie tu valor con el poseer o no una pareja. Tú vales por ti misma y no por quien está a tu lado.* Celebra tu soltería y vive al máximo. Hay mujeres que hoy son divorciadas o viudas, y no quieren volver a casarse. Todos debemos respetar ese deseo y apoyarlas. ¿Por qué tenemos que pensar que solo la vida en pareja es el digno estado de una mujer? En el Génesis, Dios dijo que no es bueno que el hombre esté solo, pero nunca en la Biblia se dice que una mujer no pueda sobrevivir sola. De hecho, se da propósito a la vida de una mujer sola, como, por ejemplo, cuando se incita a las viudas a que eduquen a las mujeres más jóvenes.

Cuando mi abuelita murió, a los tres meses mi abuelito se volvió a casar. Con toda la histeria que esto causó en mis tías, yo sí pude entender que para mi abuelito era muy

complicado vivir solo, luego de tantos años junto a mi abuelita. Él necesitaba, más importante aún, deseaba la compañía
de una mujer en la casa. Pienso que si hubiera sido al revés,
difícilmente mi abuelita se hubiera vuelto a casar. No digo
esto porque esté influenciada por pensamientos machistas,
ni nada por el estilo. Con sinceridad, conociendo a mi abuelita, creo que ella hubiera optado por quedarse sola, y estar
más presente en la vida de sus hijos ayudando en la crianza
de los nietos. Entiendo y pienso que ese hubiera sido el deseo
de su corazón.

¿La hubiera hecho esto una víctima de los estándares familiares donde del abuelito no se espera nada, pero
de la abuelitas si? No creo. Sinceramente, pienso que ese
hubiera sido el genuino deseo de su corazón. Así mismo,
hay mujeres que genuinamente desean vivir en pareja y
otras que no.

A donde quiero llegar es que, mientras reconozco que
hay muchos estándares familiares que se imponen sobre
la mujer solamente, hay muchos casos donde es el deseo
genuino de la mujer cumplir con esos estándares, y no hay
nada de malo en eso. Si te han restado valor, como si te
hacen sentir menos por no estar casada y sinceramente no es
tu deseo ni está en tus planes, no lo permitas. *Sé clara con lo
que quieres y lo que no quieres.* Conoce con certeza qué deseas
dar a tu familia y qué no.

A mí se me hizo súper difícil en una ocasión escuchar a una madre divorciada decir que ella decidió por sí misma que su exesposo tuviera la custodia del niño durante la semana y ella los fines de semana. Regularmente es al revés. De hecho, la escuché decir que ella no quería que su relación con su hijo estuviera dominada por el diario vivir de madrugar, ir a la escuela, hacer asignaciones. Fue su libre decisión que fuera su ex quien tuviera que hacer eso toda la semana y ella tener al niño los fines de semana para diversión, los deportes, y lo que ella consideraba la parte amena de la crianza.

De esa conversación salí mal, les confieso. La juzgué hasta de mala madre. Pero luego de analizar detenidamente pensé en otras madres divorciadas que hacen el día a día con sus hijos, con mucho sacrificio, para que luego los hijos les digan ante cualquier problema "prefiero estar con papi". Esto pasa muchas veces, porque a papá le toca la parte divertida del fin de semana. Papá divorciado, en su mayoría no es quien manda a recoger zapatos de la entrada de la casa, a bañar todas las noches, no le toca hacer asignaciones. Luego de analizar, en realidad la aplaudo, por escoger lo que ella entendió era mejor para ella y, por consiguiente, para su hijo.

Cuando no se cumple con los estándares sociales de lo que una familia espera de una mujer, una mujer siente que no vale. Sí, es evidente en la mayoría de los contextos familiares que *el valor de la mujer está asociado con cuánto sirvo y para*

qué, cuántos problemas resuelvo, cuán presente estoy en lo que se
espera de mí y no con la realización personal y el cumplimiento
de los deseos individuales de cada mujer.

CHANTAJE EMOCIONAL

Las mujeres somos víctimas de chantaje emocional cuando se nos pone la presión de cumplir con nuestras familias supliendo cada necesidad de todos los miembros, sin que las nuestras sean tomadas en consideración. La manipulación familiar sobre las mujeres es difícil de aceptar, y está presente, existe, aunque muchas no quieran y no puedan reconocerlo.

POBREZA

La pobreza afecta en su mayoría a las mujeres. A nivel mundial, en casi todas las regiones se registra que las mujeres viven en mayor índice de pobreza. Claro, esto está relacionado al hecho de que muchas mujeres en sus años reproductivos abandonan la fuerza laboral, y por consiguiente no generan ingresos fijos, algo que no les afecta a los hombres. Además de la participación baja de la mujer en la fuerza laboral, el 77% de los empleos no remunerados en Latinoamérica, como los trabajos voluntarios o el cuidado del hogar, es realizado por mujeres. Una mujer en estado de pobreza siente que no vale. Muchas mujeres se devalúan a sí mismas por no poder sostenerse económicamente y no poder suplir las necesidades de su familia. Su situación económica puede dar el sentido equivocado a su valor.

POLÍTICA

En la política, las mujeres no estamos representadas equitativamente. Esto hace que nuestros intereses y necesidades no sean tomados en cuenta. Aunque hemos alcanzado la más alta esfera gubernamental al tener a varias mujeres presidentes en nuestras naciones de Latinoamérica, al momento de publicar este libro no tenemos a ninguna. Ahora, no se trata de que las mujeres pierdan elecciones. Por el contrario, los estudios demuestran que las mujeres que corren para puestos políticos ganan tanto como los hombres. La problemática está en que no tenemos tantas mujeres como hombres candidatos a puestos políticos.

Cuando las mujeres participan de la esfera política se presta más atención a la salud, educación y los derechos civiles. El Foro Económico Mundial reporta que hay una relación positiva entre las mujeres en puestos políticos electos y su participación en la fuerza trabajadora. Cuando tenemos mujeres electas en la política, la situación económica de las mujeres de ese país mejora simplemente porque hay más participación.

PRESIONES SOCIALES

Socialmente el valor de la mujer decrece por causa de canciones que nos denigran. Al día de hoy no entiendo como nuestras jóvenes repiten y bailan al ritmo de canciones que las reducen a un objeto sexual. Muchas canciones de la música urbana le faltan el respeto a la mujer abiertamente y eso se aplaude, se promueve consumiendo esa música, y peor aún, se sustenta pagando boletos carísimos para que les canten esas barbaridades. Un concierto donde haya una canción que denigre el valor de una mujer, debe tener cero asistencia y apoyo femenino. Un hombre que respete al sexo femenino tampoco debe pagar por esa basura. Un padre de familia no debe participar de canciones que hablen de engaño o que denigren a la mujer. Pero lamentablemente no es así.

El propio feminismo y el machismo contribuyen situaciones que devalúan a la mujer. Por un lado, el machismo promueve los roles tradicionales que castran los talentos y la contribución social de las que somos capaces las mujeres al participar activamente en la fuerza laboral y de la sociedad. Al mismo tiempo, la realidad es que el propio feminismo disminuye el valor de las mujeres que sí desean ocupar esos roles tradicionales por libre elección y no por presiones sociales.

Como puedes ver, todos estos factores políticos y sociales contribuyen a que las mujeres vivamos en circunstancias difíciles. Cada día la definición del valor de la mujer en todas estas esferas es más difícil y confusa.

En el mundo laboral todavía hoy las mujeres tenemos muchas desventajas. ¿Por qué contamos con tan pocas mujeres líderes de grandes compañías? Esto ocurre a pesar de que hoy no vivimos en los tiempos de nuestras abuelas cuando sencillamente no aspiraban a nada porque ciertamente no había oportunidades. Solo algunas mujeres sobresalen en las empresas. Las mujeres no están dominando las altas esferas de ninguna profesión.

Estudié algunas estadísticas al respecto, y me topé con la buena noticia de que las organizaciones sin fines de lucro, que incluye a las iglesias, es la industria que tiene la mayor presencia de mujeres con un 20%. Es un gran adelanto cuando la iglesia misma ha retenido el potencial de la mujer con enseñanzas retrógradas.

Al poner todo esto en justa perspectiva, las mujeres sí tenemos grandes retos para enfrentar circunstancias en todas las áreas importantes de nuestra vida, donde constantemente recibimos el mensaje equivocado de que o no valemos, o valemos menos que un hombre. Ha llegado la hora de que analicemos cuáles de estas situaciones y creencias tradicionales te han afectado en tu valor personal.

Como mujeres tenemos que tener claro que el género no debe prescribir lo que podemos o debemos ser. Fuera de la maternidad, que está reservada exclusivamente para la mujer por naturaleza, queda de la mujer decidir cuál rol va a ocupar dentro de la familia, la sociedad, la política y el mundo laboral. *Entiende hoy, mujer, que fuera de los parámetros establecidos eres tú quien debe decidir.*

EL BALANCE CORRECTO PROMUEVE TU VALOR

Soy madre de cuatro hijas, y eso les he enseñado. A todas les he inculcado que deben enfocarse en sus habilidades, sueños y deseos; nunca en los roles que se nos establecen por nuestro género. Elementos como el cocinar se atribuyen a la mujer, cuando todos debemos tener la habilidad de alimentarnos. No crié varones, pero estoy segura de que si hubiera tenido la oportunidad, mi hogar no hubiera sido como esos donde las hermanas les sirven a los hermanos. Creo que todos, niños y niñas, hubieran recibido las mismas enseñanzas de higiene personal, limpieza del hogar y supervivencia. No creo que como madre pudiera haber fomentado las ideas erróneas de permitir cosas a los hijos varones que no permitía a las niñas y viceversa. Al mismo tiempo, al igual que en mi casa, la feminidad y la masculinidad de cada uno hubieran estado bien claros.

Todos, niños y niñas, deben tener responsabilidades de limpieza en el hogar. Esta cuestión de que las nenas friegan y los varones sacan la basura es errónea. Todos deben saber fregar y todos deben sacar la basura. Es inaceptable que en un hogar se diga que las nenas limpian adentro, y los varones, afuera. ¿Es una niña menos niña por pintar una pared o cortar el patio? ¿Es un varón menos varón por doblar la ropa? ¿Qué parte de la biología de género establece algo así?

No podemos seguir fomentando la idea de que solo las mujeres cuidan a los hijos. ¿Por qué elogiar o dar gracias a un papá por cambiar un pañal, si son sus hijos también? Hay un término que me desagrada en gran manera: cuando una mujer deja los hijos al cuidado del esposo y dice que hoy le toca *babysitting*. ¿De qué estamos hablando? Son sus hijos y es su responsabilidad cuidarlos. No está haciendo *babysitting*. Está cuidando a sus hijos. En mi casa hay dos adultos responsables de las vidas de cuatro hijas. Ambos criamos. Ambos educamos. Ambos somos responsables. En la ausencia de uno, el otro queda completamente a cargo, ya sea que mi esposo esté fuera de la casa, o sea yo. No hay tal cosa como si mamá está, ella se ocupa de todo.

Como mujeres no podemos seguir fomentando estas enseñanzas, sabiendo cómo afectan nuestro valor propio. *Tenemos que cambiar nuestra forma de ver lo que nos enseñaron, y renovar esos pensamientos en nuestra mente.* Sobre todo, debemos aprender a ubicarnos correctamente.

En cuanto a tu familia, encuentra tu lugar; *el que tú quieres ocupar con los roles que quieres ocupar.* Si te gusta la cocina, hazlo, disfrútalo. Si no te gusta la cocina, que otro lo haga. Nunca des por menos a la mujer que no lo hace, si a ti te gusta y tú sí lo haces. Tampoco des por menos a la que sí lo hace, si tú no lo haces.

Si te quieres casar, cásate, sé feliz. Si no te quieres casar, muy bien por ti. Disfruta tu soltería.

Si quieres tener hijos, hazlo. Si no quieres tener hijos, vive al máximo y que nadie ande recordándote el tiempo productivo que le queda a tu útero.

En cuanto a la sociedad, no aplaudas los estigmas equivocados. Lamentablemente, los pocos escaños políticos que hemos alcanzado son ocupados por mujeres que promueven las agendas feministas equivocadas que lo que quieren es dar lugar al aborto, desvalorizar a la familia y desvalorizar al hombre. No solamente necesitamos más mujeres en la política, necesitamos mujeres que nos representen a todas, no solamente a las agendas liberales. Igualmente, aprendamos a pararnos firmes y a no promover ningún mensaje equivocado en contra de la mujer.

En el mundo laboral, lleguemos tan alto como queramos. El poder de una mujer en cuanto a alcanzar altas posiciones corporativas nunca ha estado en duda; sí el deseo de hacerlo. Aspira a las más altas posiciones, si así lo deseas. Si ya tienes familia, haz tus arreglos y que nada te detenga. En mis empresas, doy gracias a Dios que mi esposo y mis hijas me han dado el lugar y el espacio para crecer y desarrollarme. Tengo que confesar que no he tenido lucha con resistencia familiar como muchas otras mujeres. Pero ha sido así porque como esposa y madre me he encargado de promover la justa mentalidad en todas estas esferas que te expongo en este capítulo. Entiendo las presiones sociales. He redefinido en mi contexto familiar aquellas que van en contra del valor de la mujer, porque no voy a permitir que mis hijas sean víctimas de ellas.

CRÉEME, MUJER, QUE ERES TÚ QUIEN PERMITE O RECHAZA QUE LAS CIRCUNSTANCIAS DETERMINEN TU VALOR.

10

CUANDO TÚ NO CREES QUE VALES

Lo que es simple, no siempre es fácil. Leer este libro y entender que tienes valor es simple. Ponerlo en práctica, internalizarlo y cambiar tu manera de pensar no es fácil. De hecho, muchas de las cosas que valen verdaderamente en teoría son fáciles porque simplemente hacen sentido; en práctica son difíciles.

Cuando vamos a un nutricionista y nos explica la logística de aquello que debemos comer, a qué hora comerlo, y en qué cantidades, claro que entenderlo es fácil. No solamente lo entendemos fácilmente, sino que hace toda la lógica del mundo. Pensamos: "Esto sí puedo hacerlo". Pero cuando a las 11 de la noche queremos la taza de chocolate caliente con el queso derretido adentro y el pedacito de pan calientito de la panadería de la esquina y no debemos consumirlo, si queremos cumplir con nuestra nutrición, eso es súper difícil.

Los dos capítulos anteriores tienen que ver con nuestras relaciones y nuestras circunstancias; dos áreas de las que no podemos zafarnos. *Todas vamos a tener personas en nuestra vida que en algún momento no nos darán el trato que merecemos.* Igualmente, los cuentos de hadas son solo eso, y aún esas princesas pasaban por situaciones difíciles, así que, sí, a todas nos toca vivir en circunstancias y pasar situaciones no deseadas. No eres la única.

Lo importante al entender eso es aceptar que tenemos que aprender a manejar las relaciones y las circunstancias para redefinir conceptos e internalizar realidades de la vida que probablemente no habíamos analizado con detenimiento y que han afectado nuestro valor. Entiendo el reto que tenemos delante de nosotras trabajando con relaciones y circunstancias adversas.

Pero ¿qué hacemos cuando la desvalorización no viene de afuera? ¿Qué hacemos cuando simplemente no creemos en nosotras mismas?

El 53% de las niñas de 13 años no se sienten felices con sus cuerpos. La cifra aumenta a 78% a la edad de 17 años. No es así para los varones. Los estudios también demuestran que el género desempeña un papel importante en la percepción de la inteligencia personal, ya que las mujeres creen que son mucho menos inteligentes, incluso cuando sus calificaciones son igualmente buenas. Es decir, *las mujeres son más propensas a subestimar su propia inteligencia en comparación con los hombres.*

Los sentimientos que nos restan valor no siempre vienen de elementos exteriores. Muchas veces vienen de nosotras mismas. Conozco y he trabajado con muchas mujeres que albergan pensamientos dañinos acerca de ellas mismas. Estas mujeres no reciben los insultos de afuera en los labios de otros, o en las circunstancias que las rodean. Lamentablemente, se insultan a sí mismas con creencias que jamás dirían a más nadie. El resultado de estos pensamientos es la soledad y el sentido de desconexión. ¿Cuántas mujeres se descalifican a ellas mismas sin necesidad de que nadie las rechace?

Una de las razones principales por las cuales las mujeres se restan valor a sí mismas es por las experiencias del pasado. Una mujer me decía que nunca más encontraría el amor, por causa de su divorcio y el rechazo de su esposo. Si un hombre la había rechazado, ella pensaba erróneamente que sería así con todos y que ya estaba marcada de por vida. Claro que si piensas eso, vivirás bajo esa premisa y eso es lo que vas a atraer a tu vida.

Esa no es la realidad absoluta y total. Un rechazo, un fracaso o una equivocación no son equivalentes a una vida de rechazos, fracasos y equivocaciones. Y claro, en teoría es fácil. A la hora de decírselo a otras mujeres, claro que es fácil. Pero cuando una experiencia cambia la propia definición de una mujer, y ella pone una marca sobre sí misma, ahí se complica la cosa.

Los pensamientos y el enfoque en nuestros fracasos anteriores crean sentido de indignidad. Esto da paso a conversaciones internas incorrectas donde mientras nadie les dice nada negativo, hay muchas mujeres que se dicen a sí mismas una y otra vez, "soy estúpida", "no puedo tener éxito", "se van a reír de mí", "nadie me va a amar". Hay mujeres que no saben manejar sus conversaciones y creencias internas acerca de ellas mismas. Esta conversación interna las imposibilita de ser quienes podrían ser, les ponen límites y detienen todo su potencial.

Tus pensamientos críticos y los criterios de expectativa que están detrás del juicio propio dan lugar a una definición incorrecta de ti misma. Hay mujeres que se devalúan por su pasado, por su condición presente, o por la desesperanza que sienten acerca de su futuro, y su conversación interna es reflejo de esto. Tu conversación interna no puede contribuir a esos pensamientos de devaluación.

En una ocasión iba saliendo de un centro comercial en la Florida y pensé: "¡Qué terrible sería si tuviera un accidente!" Unos minutos más tarde un auto me chocó la puerta del pasajero y se fue a la huida. Años más tarde, bajando una escalera, cuando faltaban cuatro escalones para llegar al primer piso pensé: "Si uno se cae desde aquí se daría muy duro". Tres segundos más tarde, ¡bam!, me caí justo desde ese escalón. Veo personas buscando profecías, cuando, mujer, tú eres tu mejor profeta.

¿Qué quiero decir con esto? Que *tu conversación contigo misma determina tu futuro.* Entonces aprendí que cuando yo misma me digo algo negativo, soy yo misma quien tengo que callarme. Desde entonces, cada vez que recibo un pensamiento negativo, inmediatamente y en voz alta (y, sí, hay veces que personas a mi alrededor me tienen que haber dado por loca, pero sinceramente no me importa), digo: "Ato y paralizo todo pensamiento negativo, en el nombre de Jesús". Inmediatamente comienzo a confesar lo contrario a lo que pensé, pero en voz alta. Porque hay algo muy importante que aprendí. *Nunca puedes tener dos pensamientos al mismo tiempo. Y nunca puedes pensar algo diferente a lo que estás hablando en ese momento.*

Si mis pensamientos dicen: "Omayra, te equivocaste, qué bruta eres. Siempre escoges lo peor para ti", entonces empiezo a decir con mi boca en voz alta: "Omayra, tranquila. Todo tiene propósito en la vida. Quizás hoy no ves lo que pensaste que podía suceder, pero más adelante Dios hará algo bueno con esto. Confía. Hiciste lo mejor que pudiste. Tomaste las decisiones basándote en lo que sabías. Aprendiste una gran lección que te va a servir en tu futuro. Esto no te vuelve a pasar". Y con mi confesión detengo los pensamientos negativos, y desato lo que quiero ver en mi futuro.

He visto muchas mujeres con un gran desbalance en cuanto a ese crítico interno que todas tenemos y que dicta nuestros pensamientos acerca de nosotros. He visto el lado negativo extremo de mujeres que simplemente no esperan ni piensan nada bueno de sí mismas. Lastimosamente las palabras de estas mujeres solo reflejan su sentido de insuficiencia, falta de valor propio, desubicación y autodesprecio. No creen que pueden alcanzar nada en la vida. No creen que nadie las puede querer. No creen que hacen nada bien. Esperan solamente lo peor. Viven con las más bajas expectativas.

Habrá un gran cambio en ti cuando controles tus pensamientos y guardes lo que hablas.

Para llegar a esta confesión tiene que haber un almacén de pensamientos que contrarresten los pensamientos negativos de esa conversación interna equivocada. Así como te di el ejemplo de la cajita donde puedes ir guardando por escrito experiencias positivas para extraer de ahí y motivarte a ti misma en los momentos más duros, así mismo debes hacer con tus pensamientos. Entonces, mujer, tienes que trabajar activamente con tus pensamientos, que son el resultado de aquello que ves, escuchas, lees. *Tus ojos y oídos son la puerta para el suministro de pensamientos que vas a tener a tu disposición.*

Si te llenas la cabeza viendo novelas de mujeres sufridas, siempre te vas a ver a ti misma como la protagonista donde siempre es la más pobre, con las circunstancias más adversas. Si oyes conversaciones equivocadas de todos los fracasos de tus amigas, y cuántas veces las han engañado, entonces vas a pensar que todos los hombres son unos desgraciados y que ninguno vale la pena.

Si solo lees de cómo las Kardashians van de pareja en pareja con su ropa de diseñadores en aviones privados, o de todos los matrimonios y los anillos de JLo, vas a creer que hay metas sencillamente inalcanzables para ti y que solo algunas pueden tener vidas glamorosas y de lujo. Estarás pegada a la televisión y a las revistas que nos ponen al final de los estantes en el supermercado, tratando de ver qué hay nuevo en la vida de esas mujeres glamorosas con quienes no puedes identificarte. Cada minuto que miras fotos de estas chicas no estás recibiendo algo positivo acerca de ti, no estás internalizando la información que necesitas para que mejores tus conversaciones internas y créeme, ninguna de ellas necesita más atención.

Todo lo que recibes por tus sentidos se convierte en pensamientos dentro de ti. Esos son tus suministros. ¿Cómo cambias tus pensamientos entonces? Cambia lo que recibes.

Cambia lo que ves. Gloria a Dios por la era de la tecnología en que vivimos ahora que no nos limita a unos cuantos canales de televisión presentando lo mismo a la misma hora. Gloria a Dios por el levantamiento de medios cristianos llenos de fe y bendición. Así mismo hay mucha televisión secular que nos sirve como documentales de superación. Contamos con demasiada información allá afuera que te puede ayudar a cambiar la manera de ver las cosas, como para que sigas viendo y recibiendo basura. En tu búsqueda por mejor calidad de contenido para tus pensamientos, te darás cuenta que la vida no es tan negativa y fatal como has pensado hasta ahora.

Cambia lo que escuchas. Bien nos dice I Corintios 15:33: *"No erréis; las malas conversaciones corrompen las buenas costumbres"*. Cuida tus conversaciones con otras personas y créeme que tus conversaciones internas van a cambiar. Hace años decidí no participar de conversaciones ociosas, de chismes, ni negativas. Cuando las personas hablan de política a mi alrededor, más vale que hablen de soluciones, y no de los problemas que todos conocemos en nuestros países. Para presentar los problemas solamente están los medios de comunicación y hacen excelente trabajo; ellos no necesitan ayuda. *Nada positivo sale de participar de conversaciones negativas.*

No recibo llamadas de personas que lo que quieren es chismear acerca de otras. Estoy segura que tú también tienes esas amigas; no les prestes tus oídos. Me gusta participar de conversaciones donde al final tengo que decir, y esta frase la uso mucho con mis amigos: "Ya hemos resuelto los problemas del mundo". ¡Qué maravilla es participar de conversaciones productivas donde recibes ideas nuevas y mejores perspectivas positivas, y donde se habla de soluciones. Si es necesario, actualiza tus círculos para que el contenido de tus conversaciones añada valor a tu vida.

Comienza a leer. La lectura es uno de los más grandes suministros de pensamientos. Este libro en tus manos es un buen comienzo. Si lees ávidamente, que nada de detenga. Si no es una costumbre, hazlo. Yo leo todos los días. Vivo en una casa de ávidos lectores con libros por todas partes. A mis hijas les he comprado libros toda la vida. Recientemente cené con una joven con un gran llamado ministerial. No está cursando estudios universitarios como quizás debería. En lugar de juzgarla y hacerla sentir culpable, inmediatamente le pregunté: "Si no estás estudiando, dime que estás leyendo". Me dijo: "No estoy leyendo nada".

De la cena nos fuimos a la librería a comprar libros. Unos días más tarde me mandó foto de su mesa de noche con los libros que compramos y me escribió esta frase: "I can say I am back in the Groove". En otras palabras, se encontró a sí misma en la lectura. Estoy segura que pronto estará estudiando. Yo solo le di ese cuidado e impulsito que todos necesitamos, y que espero estar dándote a ti ahora mismo.

Al cambiar aquello que llena tu suministro de pensamientos, tus palabras van a cambiar, y así tus conversaciones internas. Piensa en un bolso lleno de papelitos con pensamientos negativos y frases denigrantes. Si llenas ese bolso de papelitos con pensamientos positivos, posibilidades y bendiciones ¿qué puede salir de ahí? *Cuando cambies tu contenido, vas a cambiar tus expectativas de ti misma.*

¿Qué pensamientos han dominado tu conversación interna? Toma conciencia de ellos. Analízalos.

ESOS PENSAMIENTOS CASTRANTES QUE TE HAN DETENIDO Y HAN DOMINADO TUS CONVERSACIONES NO TIENEN QUE ESTAR AHÍ. DOMÍNALOS HOY.

11

ELEMENTOS QUE TE AÑADEN, ELEMENTOS QUE TE RESTAN

En los capítulos anteriores he compartido elementos importantes en nuestra vida para que entiendas tu valor. Así mismo, hay otros elementos que quiero enfatizar que cuando guardas la relación correcta con cada uno de ellos, tu perspectiva de tu valor va a cambiar. Todos hemos escuchado la famosa frase de "qué vino primero, el huevo o la gallina". No tengo una respuesta filosófica para esa profunda pregunta, pero sí te digo lo siguiente.

Vi a una conferencista hablar acerca de la importancia de las "poses de poder" ("power poses", término original en inglés). Piensa en la imagen del súper héroe parado bien firme con sus piernas levemente abiertas y sus puños en la cintura.

Esa es una pose de poder. Explicaba aquella mujer que hablaba del lenguaje corporal, que sostener una pose como esa, que emulara poder, automáticamente sube el ánimo de quien la hacía. Algunos argumentaban que el que hace poses como esas, lo hace porque ya siente ese impulso por causa de sentirse así, una persona con poder propio. Entonces nos hacemos la misma pregunta del huevo, ¿viene el sentimiento de poder por causa de la pose, o la pose es el producto del sentimiento de poder? Ambas premisas son correctas.

Entendiendo esto, los elementos que te presento a continuación pueden funcionar de la misma manera. Algunos de ellos surgirán por causa de que algo ha cambiado dentro de ti y hoy puedes entender tu valor. O quizás puede ser al revés: prestando la atención debida a cada elemento podrás tener ese sentido de valor que debes tener acerca de ti misma. Estudia y analiza cada uno. De hecho, el mal uso o abuso de ellos, de seguro ha contribuido a tu devaluación personal. Cada uno de estos elementos vale por sí solo, pero el uso correcto de todos ellos vale mucho más y hará una gran diferencia en tu vida.

TU TIEMPO

Todos hemos escuchado decenas de frases trilladas acerca del tiempo, que en esencia nos dicen lo mismo. No debemos malgastarlo, y es el único bien que todos los seres humanos tenemos en común. Ambos planteamientos son crudamente ciertos y, lamentablemente, a diario los olvidamos. Aunque yo tendría mucho que decir al respecto, en cuanto al tiempo quiero hacer énfasis en tres detalles que son relevantes para tu valor.

Primero, es duro mirar atrás y encontrar el tiempo que uno ha perdido. Lo que no estudiaste. Los momentos que no disfrutaste. Las personas que ya no están aquí y que quisieras tener contigo. Esos pensamientos restan a tu valor porque, y esta es otra de esas frases trilladas, pero bien cierta, tú no puedes cambiar tu pasado. *Mujer, solo puedes cambiar tu presente para influenciar tu futuro.* Cada minuto mirando al pasado es una pérdida de tu tiempo. Los lindos recuerdos están chéveres, pero tienes mucho por delante para vivir y no lo vas a alcanzar si sigues en tu pasado. ¿Te sientes frustrada por lo que has perdido o lo que no has hecho? Bueno, pues comienza a cambiar esto ahora.

Segundo, tu edad no importa. Claro que mientras más temprano en la vida uno aprende grandes lecciones, más puede hacer con ellas. La ventaja de la edad es que *cuando aprendemos grandes lecciones, mientras más tarde las aprendemos, mejor uso hacemos de ellas.* Cuando tenemos la conciencia de que el tiempo apremia, algo que no entendemos a los 20, somos más rápidas en ejecutar lo que aprendemos. Y si has avanzado en edad, esa es una ventaja que tienes ahora. Así que en términos de que el tiempo te añada valor, nunca pienses que por tu edad estás en desventaja porque en realidad es la edad, o más bien la madurez que adquirimos con ella, la que te da la ventaja competitiva que necesitas para darle la seriedad a ciertos aspectos y tomar acción de inmediato.

Tercero, no pospongas. El 20% de la población son procrastinadores crónicos. El verdadero problema de procrastinar no es dejar las cosas para el último minuto, sino es el tiempo que pierdes recordándote a ti misma que dejaste las cosas para el último minuto. Esa ansiedad que uno carga pensando, "no he terminado", "¿podré completarlo?" o "me falta tanto". Esa ansiedad con esos pensamientos es peor que sentarte de una vez y terminar algo. Es como ese guardarropa o gaveta regada que tienes en la casa, que te molesta, pero no acabas de vaciarla y ordenarla completa. Entre todas las razones por las cuales una persona no ejecuta en el momento en que debería, para mí la peor es la de aquellos a quienes les gusta la adrenalina de hacer las cosas en el último momento. Muy bien dice Proverbios 19:2: *"El entusiasmo sin conocimiento no vale nada; la prisa produce errores"*.

Doy fe de la diferencia que hace en la vida tener conciencia del tiempo. Una de las cosas que enseño en grupos de mujeres es a llevar una agenda. Si no eres consciente de cuán productivo es tu tiempo o cuánto tiempo pierdes, por una semana escribe todo lo que haces hora por hora. Al final de la semana analiza. Te sorprenderás de los tiempos que pudieron ser productivos y no lo fueron.

Fuera de ese experimento, aprende a llevar una agenda a diario. Yo escojo un día a la semana, en mi caso los domingos, donde planifico toda la semana. Luego todas las noches analizo mi día y me preparo para el día siguiente. Todo lo que me haga perder tiempo o busco a alguien más efectivo que yo para hacerlo, o simplemente busco la manera de hacerlo más efectivamente. Y no me doy por vencida hasta lograrlo.

Distribuye tus responsabilidades. Busca que en tu agenda haya tiempo para todo. No todo puede ser trabajo. No todo puede ser descanso. Balancea la agenda para que haya producción, recreo, aprendizaje. Busca el tiempo para todo lo que quieres alcanzar.

Cuando no entiendes la importancia de no perder el tiempo, no manejas tu edad correctamente, y procrastinas, te restas valor.

TU CUIDADO PERSONAL

Muchas veces he escuchado a mi esposo dar el ejemplo para los caballeros, que si los aros que lleva su auto son más costosos que el anillo o los aretes de su esposa, algo anda mal. Jamás dedicaría esta sección a hablar de cosas materiales. Pero es cierto que muchas veces en nuestra vida hay asuntos que no guardan congruencia. Una manera de valorarte a ti misma es saber que *entre todas tus responsabilidades, una muy importante es cuidar de ti misma.* Esto abarca todo lo que tenga que ver contigo, mujer. Tus chequeos médicos anuales deben estar al día. Ya hablamos de la procrastinación, pero ¡con la salud no se juega! Sé diligente en atender cualquier padecimiento que tengas. Como mujeres, tenemos que hacernos nuestros estudios, entre ellos, nuestra mamografía.

En nuestro cuidado personal están incluidos los ejercicios y la alimentación. Definitivamente hay muchas otras personas más educadas en ambos temas que yo. Detesto las personas que viven al extremo, con unas limitaciones alimentarias por miedo a enfermarse, pero tampoco apoyo a las personas que comen desmedidamente. Debemos tener un conocimiento básico que produzca conciencia, sin miedo, sabiendo que, en esencia, nuestro cuerpo es lo que comemos.

Debemos entender, además, cuán necesario es el ejercicio. Veo mujeres luchar con enfermedades y padecimientos que bien podrían desaparecer si fueran más diligentes y disciplinadas en su alimentación y ejercicios. Tú, como mujer, debes tener un conocimiento básico de ambos temas. Tanto la alimentación correcta como implementar ejercicios en nuestra rutina diaria (sin excusas), hacen una gran diferencia en cómo nos sentimos con nosotras mismas. Además de todos los beneficios de salud, el ejercicio y la alimentación correcta influyen en tu capacidad de sentir felicidad.

Del cuidado personal no podemos hablar si no incluimos nuestro aspecto físico: nuestro cabello, uñas, lo que nos ponemos. Una de las cosas que lamento de la religiosidad en la iglesia es toda la maldición que sembraron en las mujeres por causa del arreglo personal. ¡Cuánto nos inculcaron que el maquillaje era pecado! Como he escuchado decir a algunas pastoras, la verdad es que para algunas el pecado es no maquillarse. Digo esto con el más grande de los respetos por la belleza natural femenina, que en ti mujer, créeme, sobra y no escasea. Lo importante es sentirte bien con tu aspecto físico y el arreglo que te das a ti misma.

En mi caso, yo necesito tener el cabello limpio y las uñas pintadas. Me gusta mucho el maquillaje, pero, sinceramente, no tengo problema en estar sin maquillaje. De hecho, generalmente cuando viajo lo hago sin maquillaje, sin embargo, las uñas tengo que tenerlas pintadas, y el cabello arreglado. Siento un cierto nivel de tranquilidad cuando esas dos cosas están arregladas. Si hay algo así en ti, no te sientas mal. No es vanidad. Cada uno tiene sus manías y mientras seamos conscientes y no nos dominen, no pasa nada. No es que si mis uñas no están pintadas no salgo de la cama y me quedo encerrada en un cuarto oscuro. Igual funciono. Pero cuando tengo mis uñas pintadas, me siento como un guerrero con su armadura.

Como te sientas con tu aspecto físico, ciertamente te hace sentir valor y transmite el valor que tienes por ti misma. Hay mujeres que se descuidan físicamente al punto de que un día se miran al espejo y no se reconocen. Si estás en ese punto en tu vida, ¡no más! Comienza hoy a hacer los cambios necesarios. Si no has llegado ahí, toma el control ahora y no llegues al punto en donde sencillamente pierdas toda esperanza.

Cuando no cuidas tu salud, no te alimentas correctamente,
no haces ejercicios y no cuidas tu aspecto físico,
te restas valor.

TU EDUCACIÓN

Con esto no me refiero a los diplomas que puedas tener. Si los tienes, los celebro contigo y te honro por tus logros. Bendito Dios que hemos nacido en los tiempos donde podemos educarnos, y no debemos dejar de hacerlo. Si no los tienes, no te sientas menos. Vivimos en la era donde tenemos toda la información a nuestra disposición y no hay tema del que no podamos aprender; todo está al alcance de nuestras manos. Lamentablemente, hay mujeres que simplemente no quieren aprender. Eso es inaceptable.

Yo oigo a una mujer decir que no sabe hacer algo, y me da de todo. Lo que no sepas, ¡apréndelo! Hay tanto que aprender en la vida, que no entiendo qué hacen las mujeres perdiendo el tiempo frente al televisor viendo novelas, o chismeando con las vecinas. *Cada oportunidad que tengas de aprender algo, ¡hazlo!* ¿Quieres estudiar o aprender algo en específico? Matricúlate en el próximo curso disponible y empieza. No esperes a que comiencen las clases. Desde ya busca videos, cursos alternos que te preparen en el tema para que sientas que estás haciendo algo.

Por supuesto, no puedo dejar de mencionar los buenos modales una vez más. Hay una seguridad que se genera en una persona cuando sabe comportarse en todo lugar. Tienes que saber comportarte en tu casa, en la casa del vecino, en tu trabajo, en la iglesia, en una oficina, en una mesa. *Una mujer que se valora siempre saluda a todo el mundo con ánimo; eso es parte de tener buenos modales.* Buenos modales es no expresar enojo con las personas que no te causaron el enojo, así que siempre ten una sonrisa para todos. Buenos modales es también siempre tener una respuesta amable para todos: saber qué decir, a quién decirle qué y a quién no. Todo esto tiene que ver con nuestros modales. Mujer, edúcate también en esta área y verás cómo aumenta tu valor propio, y cómo las personas a tu alrededor cambian en su trato hacia ti.

Cuando no te educas, no aprendes nada nuevo y no cuidas tus modales, te restas valor.

TUS AMISTADES

Recientemente, en uno de esos cumpleaños que son múltiplos de "5" y la mayoría de las personas celebra, una amiga viajó desde muy lejos para una celebración sorpresa que mi familia había preparado para mí. Siempre he sabido que mi círculo de amigas cercanas e íntimas es muy grande. No me había percatado de cuán grande era hasta que esta amiga, muy especial por cierto, me dijo: "¡Creo que soy tu mejor amiga #125!"

No hay tal cosa como demasiadas amigas. Lo que quiero decir es que tengo muchas, muchas, muchas amigas.

Todas cercanas, todas muy queridas, todas muy especiales. Pensamos que los círculos de amistades íntimas tienen que ser pequeños para que sean verdaderamente especiales y no es así. Amigas cercanas, con quienes me mantengo en contacto constante, con quienes puedo compartir de cualquier tema, con quienes tengo grandes momentos especiales, tengo demasiadas. A todas las siento "mi mejor amiga". Quizás tú dices: "Es imposible que todas sean igual de especiales". Sinceramente, sí lo son. No puedo pasar todo el tiempo con todas ellas, pero cuando tenemos la oportunidad de hacerlo siempre es memorable, y para todas busco tener tiempos así. Cuando me llaman respondo a sus llamadas. Cuando me escriben siempre tengo una palabra para ellas.

¿Cómo eso me añade valor? Porque yo sé que de la misma manera que cuando yo escucho de ellas yo me alegro, me gozo con sus buenas noticias, cuando pasamos tiempo juntas lo disfruto, ellas sienten lo mismo. Y eso me hace sentir especial; saber que de la misma manera que ellas son especiales para mí, yo soy especial para ellas. Cuando puedo y cuando "no puedo", siempre saco el tiempo de saludarlas, saber cómo están, interesarme por sus familias, e intencionalmente dejarles saber cuán especiales son y cuánta diferencia hacen en mi familia y en mi vida. Ellas no son cualquier persona, y no cualquiera tiene ese estándar en mi vida.

Yo valoro y respeto la amistad. No la tomo por poco. *Las personas a quienes les das acceso a tu vida, hacen una gran diferencia en tu valor.* Si no tienes amigas, yo te invito a que no seas una persona huraña y solitaria. Sé amiga de alguien y verás la gran diferencia que eso hace en tu vida y en tu valor.

Cuando no cultivas la amistad y no agrandas
tu círculo de amigas, te restas valor.

TU ESPIRITUALIDAD

Este no es un libro religioso. Es un libro de una mujer que ama a Dios y ha vivido para Él, pero hablando a mujeres de todo tipo de creencias y experiencias religiosas. Creo en Dios. Creo que Jesucristo murió por mí en la cruz del Calvario para que yo tenga vida y vida en abundancia. Creo que Jesucristo es el Señor, y Él murió y resucitó para que yo tenga vida eterna. Y por supuesto, sé que saber y creer esto añade valor a mi vida.

El valor de mi espiritualidad lo añade la esencia de entender que hay algo más grande que yo que me ama y cuida de mí. Si hoy no tienes una relación con Dios, yo te invito a que la comiences. Si ya tienes una relación con Dios, cultiva esa relación como cultivas la de una de tus amigas. Búscalo. Conócelo. Permite que trabaje en ti.

Elementos espirituales como la fe, la oración, el ayuno, el congregarse, la Palabra hace una gran diferencia cuando están presente en nuestra vida. *Una vida de fe es una vida que agrada a Dios.* En mi caso, soy una mujer de oración. Comienzo y termino todos mis días en oración. El ayuno nos enseña mucho acerca de nosotras mismas. Una de las cosas que aprendemos a través del ayuno es el hecho de que lo exterior no nos tiene que dominar y podemos ejercer autoridad sobre elementos como la comida. El congregarse enriquece nuestra experiencia espiritual porque nos da un sentido de pertenencia y nos recuerda que no estamos solos. La Palabra nos enseña lo que Dios ha dicho de nosotros.

A través de nuestra espiritualidad podemos trabajar con muchos asuntos que tienen tanta influencia en nuestro valor propio como nuestra fe, el perdón, el conocimiento y experimentar de lo sobrenatural. Como te dije, este no es un libro religioso, aunque por mis creencias, formación y espiritualidad, sí hay algunas citas bíblicas.

Cuando no trabajas con tu espiritualidad y no buscas una relación con un ser mayor que tú, te restas valor.

TUS EMOCIONES

La cantidad de chistes que hay acerca de las mujeres específicamente mofándose de nuestras emociones, como decimos en Puerto Rico, "pica y se extiende". ¡Qué malicia y cómo se burlan de nuestras reacciones, enojos, manías, dramas, exigencias, irracionalidades y expectativas! Todo lo miran en el marco de nuestras emociones, con el chistecito de vez en cuando de que somos hormonales, o haciendo referencia a nuestra menstruación.

Las diferentes fases menstruales nos dan diferentes habilidades y enfoques. Dios lo diseñó así. Mientras que el hombre tiene un ciclo hormonal de 24 horas, nosotras tenemos uno de 28 días. En la primera fase menstrual, la folicular, se da un incremento de energía y es dónde mejor estamos "programadas" para conocer personas y hacer cosas nuevas. Incluso, durante esta fase, se forman neuroconexiones más fácilmente.

En la fase de ovulación se nos incrementan las habilidades de comunicación, y es el mejor momento para tener esas conversaciones difíciles. Durante la fase lútea tu parte administrativa se magnifica, querrás estar más en casa y realizar actividades que te traen confort, como leer un libro. Finalmente, en tu menstruación estarás más intuitiva, y sentimientos surgirán. Cada fase de nuestra menstruación nos dota de capacidades únicas que si las conocemos podemos hacer máximo uso de ellas. Lo que sirve de material para esos chistecitos no tan graciosos, hoy a ti te da sabiduría para sacar el máximo de cada momento y etapa que vivimos.

Entiende, mujer, que lo que por un lado puede ser "negativo", con la información correcta podemos hacer mucho. Eso pasa con las emociones. Aún las emociones negativas como la tristeza, el miedo, los enojos podemos transformarlas en bendición cuando conocemos la raíz de cada una y aprendemos a controlarlas. Y es que aunque alguien quizás te haya querido proyectar en algún momento como irracional por causa de tus emociones, la realidad es que *cuando te valoras, entiendes que no puedes darles rienda suelta a las emociones, y que puedes controlarlas y convertirlas en agentes de bendición.*

Esas emociones negativas te pueden ayudar a tomar acción. Si te sientes triste, es hora de hacer algo que ponga una sonrisa en tus labios. Si tienes miedo, es hora de salir de tu zona de comodidad y hacer algo que te rete. Si te sientes enojada, muestra compasión a alguien y extiende tu perdón a quien te haya ofendido. ¡Que tus emociones no te controlen! Mejor monitorea tus estados de ánimo tú misma, y toma el control.

Cuando no trabajas con tus emociones, no te valoras.

TU LEGADO

Tuve una amiga ejemplar muy especial que pasó a morar con el Señor en el 2013. Durante su servicio fúnebre me di cuenta de la cantidad de vidas que tocó y marcó. Una esposa, madre, pastora, mentora y amiga ejemplar. Hoy, años más tarde, todavía la recuerdo como si estuviera aquí. Todavía la extraño. Me parece escuchar sus palabras de sabiduría. Su vida transcendió su tiempo en la tierra. Mi amiga ejemplar no debe ser una excepción; mi amiga ejemplar debe ser la regla.

Como mujeres debemos dar a otras personas lo que hay en cada una de nosotras, para dejar una marca. Hay muchas formas de dejar un legado. Dejamos un legado al invertir nuestro tiempo, amor y aprendizaje en otras personas. *La mujer que se valora sabe que lo que ha aprendido y cada experiencia que ha vivido no debe morir con ella,* sino que debemos impartir y depositarnos en las personas que están a nuestro alrededor.

Más allá de bendecir a tu círculo íntimo, cada mujer debe buscar círculos más amplios donde extender una mano de ayuda y caridad. Busca lugares donde puedas hacer una diferencia, aunque sea con unas pocas horas de tu semana. Hacemos muchas cosas por los nuestros, y gloria a Dios por eso, pero demos la milla extra haciendo por otros que no tienen quien haga por ellos. Créeme cuando te digo que lo que hagas por alguien en necesidad no será en vano.

CUANDO NO TE MULTIPLICAS, NO IMPARTES TU SABIDURÍA Y NO EXTIENDES TU MANO AL NECESITADO, NO TE VALORAS.

12

VALÓRATE, Y SÉ QUIEN DESEAS SER

Hace años hago un programa mañanero en nuestras emisoras de radio. En un programa reciente me tocó hacer algo que nunca hago, que nunca voy a volver a hacer, y que hacerlo ha sido una de las peores experiencias de mi vida. Yo no canto. Yo no canto en la ducha, no tengo ningún talento musical, ni siquiera puedo distinguir un tono. Entre una cosa y la otra, resulta que un día, así de la nada, todos los recursos quedamos comprometidos para cantar en vivo en un programa para que las personas escogieran quién lo hizo mejor. Mis posibilidades eran cero. De hecho, en sexto grado me removieron de un coro de niños porque yo sacaba de tono a todos los otros niños, y así lo dijo la maestra delante de todo el mundo. Fue uno de los momentos más humillantes de mi vida.

Ahora, ¿por qué canté? Que por cierto, lo hice horrible. Ni yo puedo escuchar la grabación. Uno tiene que aprender a manejar situaciones vulnerables en la vida si quiere que su carácter crezca. *La vulnerabilidad no es una debilidad. Es el riesgo emocional de exponerte a algo que es incómodo.* Cuando me tocó cantar, con sinceridad yo quería llorar y salir corriendo. Pero cuando lo hice, que repito, canté horrible, sentí que me hacía más valiente al atreverme a hacer algo que jamás había hecho, aun sabiendo que no iba a hacerlo bien. La vulnerabilidad se puede convertir en el lugar emocional donde puedes dar lugar a conocer cosas de ti que no conocías antes.

Cuando me atreví a cantar así en público, confirmé algo muy importante para mí: cantar no solamente no es mi talento, sino tampoco es mi deseo. No porque lo haga mal, es obvio que esa parte no la estoy escondiendo. Es que no fue, no es y creo que nunca será mi deseo cantar en público, ni hacer una grabación. Sencillamente no está en mí, no me interesa. Al cantar en público y exponer una parte bien vulnerable de mí, confirmé que es algo que no me interesa. Y esto fue bien importante para mí porque me ayuda a ver con claridad las cosas que sí deseo hacer.

Yo sí deseo estar y contribuir en el programa en las mañanas, alegrar a las personas que nos escuchan, conectar con una audiencia y motivar a otros a hacer cosas diferentes. Para eso y por eso canté. Gloria a Dios que me atreví. *Cuando una mujer se valora a sí misma en su caminar descubre aquellas cosas que sí quiere hacer y da paso a las mismas porque su valor le sirve de fundamento para hacerlo.* Mi valor como un recurso en la radio todas las mañanas me permite hacer aquellas cosas que sí deseo hacer, y aún en las que no soy buena y no deseo, me ayuda a trascender en ellas para bendecir.

Quizás tu experiencia de vulnerabilidad no es algo trivial como la mía. Es muy posible que tu vulnerabilidad esté ligada a alguna vivencia, decisión o experiencia donde te hayas equivocado. Si ese es el caso, simplemente, perdónate. *Para ser la persona que deseas ser, no puedes vivir molesta contigo mismo por haber tropezado con la misma piedra dos veces, por haberte dejado engañar, o por confiar en quien en el fondo sabías que no te merecía.* Reflexiona en las circunstancias pasadas. Reconoce el dolor de esas experiencias. Y sigue adelante a convertirte en la persona que deseas ser.

Hay tres cosas importantes con las que toda mujer que se valora tiene que aprender a vivir para aceptarse y amarse a sí misma. Como mujeres tenemos que aprender a vivir con dignidad, aceptando elementos que sencillamente no podemos cambiar de un día para otro. La aceptación personal es la única que nos permite ser quienes somos, sin desear ser nadie más, sin minimizarnos a nosotros mismas por lo que no tenemos.

El término "aceptar" que uso a continuación no se refiere a conformismo. Más bien lo uso como realización y ubicación. Solo entendiendo nuestra situación presente en estas tres áreas podremos valorar lo que somos y dónde estamos, para dar los pasos necesarios para ser lo que queremos ser. De estos tres, solo el segundo no puedes cambiar. Los otros dos, parte de convertirte en la mujer que deseas ser, pueden traer transformación en ambos, pero debes aceptarlos y reconocerlos primero.

Primero, acepta tu físico. Hay tantas mujeres aferradas al físico, ya sean sus virtudes o defectos. Y siempre escuchamos el famoso, "lo que no tienes siempre lo deseas". La mujer alta quisiera ser bajita. La mujer gordita quisiera ser flaca. La que tiene el cabello lacio, lo quiere rizo.

En una ocasión, una mujer dio testimonio en la iglesia porque rompió con uno de sus miedos más grandes. Junto a otras amigas pastoras de Latinoamérica celebrando nuestra femineidad un día todas celebramos el día del vestido. Esta mujer contó que nunca en su vida había usado una falda porque tenía las piernas muy flacas y su familia se había mofado de ella toda la vida. Dijo que, motivada por la actividad a sus más de 50 años de edad, por primera vez se puso una falda y exhibió sus piernas. Algo se rompió dentro de ella. Muchas personas le dijeron palabras de admiración por lo diferente que se veía, que no creo haya sido por el vestido. Creo que fue que pudo aceptarse como era.

Ve ahora mismo, mírate al espejo y *dite a ti misma: "Esto es lo que soy"*. Con tu altura, tu densidad, tus características físicas, créeme que tienes todo lo que necesitas para ser lo que quieras ser. Te digo más: estoy 100% segura que hay algo en tu físico que alguna otra mujer desearía tener. Siempre es así.

Segundo, acepta tu edad. Vivimos obsesionados con la juventud. Yo también peco de eso. Me haré mis arreglitos sin pena alguna el día que lo amerite y compro mis cremitas. Me doy mis cariñitos para mantenerme lo más conservadita posible. Pero de ahí a vivir en negación total de nuestra edad hay un trecho muy, muy largo. Esas frases de que los 40 son los nuevos 20 tienen como intención darnos la autoestima de pensar que en los 40 podemos tener la vitalidad, la fuerza y hasta lucir mejor que algunas de 20. Esas ideas te las puedo comprar por un ratito, pero en honor a la verdad a mis cuarenta y pico, quiero verme, lucir, vestirme y actuar como una mujer de mi edad porque entiendo que me da dignidad y valor. No quiero ser de 20, quiero ser de 40. Quiero tener la sabiduría de una mujer de 40 años, y bendito Dios que no quiero tener la ignorancia en tantas áreas tan importantes que tenía a mis 20. Es más, teniendo dos hijas de veinte y pico de años (expresión puertorriqueña), créeme cuando te digo que me trae más honor verme como su mamá y no como si fuera igual a ellas. Eso es ubicación y aceptación.

Tercero, acepta tus circunstancias. Cuando hablo de las circunstancias me refiero a tu geografía, economía y cultura política. El lugar donde vives ahora mismo se puede cambiar, y es posible que ser quien deseas ser tenga que ver con que haya un cambio en el lugar donde vives, pero no podemos dejar de reconocer donde estamos.

Vivo en Puerto Rico, una isla pequeña en el Caribe. Aquí esos 6 grados de separación, esa idea social en la que todos estamos a 6 personas de cualquier otra persona, en Puerto Rico, como es tan pequeño, en realidad es como 2 o tres grados máximo. Eso de repente hace que muchas personas tengan un sentido de "grandeza" que no existe, porque hasta el más pequeño de los peces se siente ballena en la pecera pequeña.

Por ejemplo, en el deporte de la lucha libre, todos los fines de semana se pelean títulos como "El Título Universal de la Lucha Libre"… presta atención a la palabra "universal", así como del universo que incluye el mundo y todos los planetas. Y esto se decide, semanalmente en la cancha bajo techo de un pueblo en Puerto Rico, como por ejemplo, Caguas o Bayamón. El título "universal" no se decide en Dubai, Australia, o China. Se decide en Bayamón, Puerto Rico. Esto es un buen ejemplo de falta de aceptación de nuestra geografía.

Así mismo tu situación económica presente debe ser reconocida. Si has tomado las decisiones correctas con tus finanzas y hoy no debes dinero, has sido responsable y tienes buenos ahorros, te felicito. Pero eso no es el caso de la mayoría de las mujeres. Querer aparentar tener lo que no tenemos es un grave problema que muchas mujeres no saben manejar. Hace tiempo aprendí que el problema de las deudas es el resultado de querer tener aquello por lo cual todavía no hemos trabajado. Esfuérzate por lo que deseas, lucha, trabaja. No hay nada malo con eso. El problema es hacer uso indebido de las deudas; estar "embrollao", como decimos en Puerto Rico.

En cuanto a nuestra cultura política, cada uno de nuestros países tiene unas creencias autóctonas, reflejo de nuestros antepasados y del momento político que estamos viviendo, que como mujeres tenemos que conocer. Es posible que parte de tu cultura contenga enseñanzas que tengas que retar y cambiar para mantener tu valor. En los países de Latinoamérica, uno de los fenómenos con los que nos toca lidiar a las mujeres es con el machismo y el feminismo. La definición de ambos, nuestro reconocimiento del impacto a nuestra cultura y convicciones personales al respecto son indispensables para ser la mujer que deseas ser.

Cuando reconocemos nuestra geografía, economía y cultura política, podemos verdaderamente no aceptar y resignarnos, sino reconocer, valorar y capitalizar. Analiza estas áreas de tu vida y *no te enfoques en lo que no fue. No pienses y no te lamentes en lo que nunca será. Date valor a ti hoy, ahora, tal como eres. Entiende que así y solo así podrás llegar a ser todo lo que quieres ser.* Al aceptar y reconocer cada una de estas áreas de tu vida, sé intencional en mostrarte cuánto te amas a ti misma. ¿Por qué esperar a que alguien haga algo por ti, o te muestre su amor, si tú puedes hacerlo por ti misma? Buscamos y aspiramos a la aprobación de otros, cuando tu aceptación más importante tiene que venir de ti misma. Demasiadas personas esperan esa famosa palmada en la espalda. Date la palmada en la espalda tú misma.

De este ejercicio de reconocimiento y aceptación, entonces muévete a definir lo que deseas y la persona que deseas ser. Hay cosas que hoy quizás estás haciendo en piloto automático. Pero cuando eres una mujer que se valora, descubres lo que algunos psicólogos llaman como la energía de activación. La energía de activación es esa fuerza que hace que te levantes en la mañana a orar cuando tu cuerpo quiere quedarse en la cama durmiendo. La energía de activación es la que hace que sabiendo que al otro día te va a doler todo, como quiera vas al gimnasio a hacer ejercicios. La energía de activación es la que te hace poner a un lado el pastel de chocolate cuando lo que quieres es devorarlo.

CUANDO TE VALORAS, SE ACTIVA ALGO EN TI QUE TE EMPUJA, TE ENCIENDE Y TE MUEVE A SER LA MUJER MARAVILLOSA QUE PUEDES Y QUIERES SER.

CONCLUSIÓN: AHORA, ¿QUÉ VAS A HACER CON TU VALOR?

¿Cuánto dinero crees que se genera mundialmente en la venta de productos de crecimiento de cabello o de uñas? No tengo las estadísticas. Voy a asumir que es mucho más que todo el dinero que una gran cantidad de nosotras vamos a ver en nuestra vida entera, porque muchas mujeres viven obsesionadas con el largo de su cabello o el largo de las uñas, pero no con su crecimiento personal. Como mujer que hoy te valoras, ha llegado el momento de tomar responsabilidad sobre tu vida y tener la confianza de permitir que tu valor abra paso a otras áreas. Por eso hoy me tomo la libertad de hacerte varias invitaciones.

MUJER, SUEÑA

Una de las cosas que motivo a hacer a todas las mujeres en mi grupo privado en Facebook, Divinas, es a tener un tablero de visión. Un tablero de visión es ese lugar donde imprimes la visión de aquello que deseas ser, tener o alcanzar. Es ese enfoque visual que le das a tus objetivos y te ayuda a mantener tu mirada en los lugares correctos. *Dale rienda suelta a tu imaginación y permite que tu interior conciba aquello que quieres en tu exterior.*

Lo grande de los sueños es que para soñar, no hay reglas. Un sueño es una licencia para llegar tan lejos como tu mente y tus pensamientos te lo permitan. Pero una de las cosas más hermosas de soñar es que por más imposible que parezcan los sueños, todos ellos son alcanzables. No hay tal cosa como esperar a través de tu sueño que las cosas te vayan peor. *Un sueño siempre nos lleva a concebir en el futuro un mejor presente al que tenemos ahora.* ¡Qué maravilla! Es posible que tu falta de valor haya desechado tus sueños; aquello que consumía tus pensamientos de pequeña. Hoy, como mujer que se valora, puedes retomar esa capacidad, de la cual los niños nos pueden dar cátedra día a día.

MUJER, EMPRENDE

Doy gracias a Dios por la oportunidad que me da de servirle activamente en el ministerio, al pastorear una hermosa congregación. No tomo por poco el llamado de Dios a mi vida. Reconozco que predicar su Palabra y discipular personas es maravilloso. Ver cambiar las vidas de personas por causa de la obra que hacemos para Dios es extraordinario. Sin embargo, como mujer empresaria que también soy, veo el deseo de emprender de muchas mujeres, dando vida a ideas que no solo son posibles, sino que serían de bendición para muchas otras mujeres.

Muchas mujeres aspiran a la flexibilidad y a la libertad que asumen que tendrán al tener sus propios negocios, sin saber ni entender que emprender es mucho más que eso. Yo estoy 100 % de acuerdo y apoyo a aquellas mujeres que quieran ser su propio jefe, y que deseen emprender para determinar su futuro. *El éxito empresarial es posible para una mujer que se valora.*

Mujer, estoy segura de que hoy no solo tienes un reconocimiento mayor de tus capacidades, sino que también tienes una actitud que te va a permitir alcanzar tus logros. Solo tienes que dar ese alocado primer paso de iniciar lo que has soñado. Emprender no es fácil, pero cuando hay ganas de hacer algo, uno siempre encuentra la forma. A veces solo el primer paso es el difícil. Los demás pasos a veces nos toca andarlos con la actitud de "¿qué remedio?". Pero igual nos mueven hacia el emprendimiento, y eso es todo lo que necesitamos. Estoy segura de que tú puedes encontrar la satisfacción personal típica de la mujer que deja a un lado sus miedos, y usa su creatividad, cualidades y virtudes para emprender.

MUJER, INSPIRA

Hay tantas características hermosas en tu carácter, mujer, que no pueden morir contigo. De la misma manera que hay personas que sorprendentemente han marcado tu vida de una forma especial, tú, mujer, tienes esa misma capacidad y responsabilidad. Cada uno de los sueños que darás a luz, cada experiencia que te ayude a crecer y cada evento de superación personal será el instrumento que Dios use para inspirar a otras personas a enfrentar sus retos y alcanzar el éxito en todas las áreas de tu vida.

Inspirar no es solo una característica de una mujer que se valora. Inspirar es una asignación de vida movida por tu capacidad de vivir al máximo, con la actitud correcta y enfocada. *Inspirar es una demostración de amor para aquellos que están a tu alrededor y a quienes tu experiencia de vida te permita tocar.* A veces, con el deseo de movernos hacia nuevos horizontes y tener nuevos comienzos, solo deseamos pasar la página de nuestra vida. Sin embargo, esa página no tiene que permanecer en un libro cerrado. Cada una de las páginas de nuestra vida debe y puede ser leída por aquellas mujeres que hoy estén pasando las experiencias que ya tú superaste con éxito.

Todo lo que hemos compartido de ti no se trata solo de ti, sino de lo que puedes alcanzar y a quienes puedes transformar a través de tu valor propio.

Tus sueños, tu emprendimiento y la inspiración que puedes ser para otros, hacen que trasciendas impactando a muchos porque ahora sabes que vales y lo que vales.

Es el detalle más importante para llegar a ser lo que quieres ser; ante todo,

¡MUJER, VALÓRATE!

REFERENCIAS

CAPÍTULO 1:
CÓMO SE DETERMINA EL VALOR DE UNA MUJER

Consultados en línea:
https://mipropiojefe.com/6-pasos-para-determinar-el-precio-de-tu-producto/
https://www.xatakaciencia.com/psicologia/cuanto-dinero-vale-cada-parte-de-tu-cuerpo
https://www.smithsonianmag.com/science-nature/organs-made-to-order-863675/
http://www.theartwolf.com/articles/arte-mas-valioso.htm#over-200-million
https://www.clarin.com/arte/quien-le-pone-precio-al-arte_0_B1czUOKswml.html
https://amorfm.mx/secciones/de-todo-con-amor/el-sueldo-que-deberia-recibir-una-ama-de-casa-si-le-pagaran/

CAPÍTULO 5: ¿TE VALORAS O TE DEVALÚAS?

Vitti, Alisa. *Womancode: Perfect Your Cycle, Amplify Your Fertility, Supercharge Your Sex Drive, and Become a Power Source*. New York: HarperOne, 2014.

CAPÍTULO7: ¿DÓNDE Y CUÁNDO PERDISTE TU VALOR?

Apter, Terri, Ph.D. "The Persistent Pain of Family Estrangement." December 22, 2015. Consultado en línea el 10 de abril de 2019: https://www.psychologytoday.com/us/blog/domestic-intelligence/201512/the-persistent-pain-family-estrangement.

Brené Brown. "Shame v. Guilt." January 14, 2013. https://brenebrown.com/blog/2013/01/14/shame-v-guilt/.

Brené Brown. "Courage Over Comfort: Rumbling with Shame, Accountability, and Failure at Work." October 08, 2018. https://brenebrown.com/blog/2018/03/13/courage-comfort-rumbling-shame-accountability-failure-work/.

McNish, Jill L. *Transforming Shame: A Pastoral Response.* 2009.

Morin, Amy. "5 Ways The Fear Of Rejection Holds You Back." August 11, 2015. https://www.forbes.com/sites/amymorin/2015/08/11/5-ways-the-fear-of-rejection-holds-you-back/#4a427caa6d1a.

Purcell, Maud. "Guilt: The Crippling Emotion." October 08, 2018. https://psychcentral.com/lib/guilt-the-crippling-emotion/.

"Shameful Secrets Bother Us More than Guilty Secrets." February 11, 2019. https://www.sciencedaily.com/releases/2019/02/190211095453.htm.

Winch, Guy, Ph D. "10 Things You Didn't Know About Guilt." https://www.psychologytoday.com/us/blog/the-squeaky-wheel/201411/10-things-you-didnt-know-about-guilt.

CAPÍTULO 8: CUANDO ALGUIEN DICE QUE NO VALES

"A Stalled Revolution" for Latin American Women." World Bank. March 8, 2018. Consultado en línea el 10 de abril de 2019. https://www.worldbank.org/en/news/feature/2018/03/08/una-revolucion-estancada-para-la-mujer-latinoamericana.

Bundrant, Mike. "Dealing with Rejection from Family of Origin Members." February 07, 2013. https://blogs.psychcentral.com/nlp/2013/02/dealing-with-rejection-from-family-of-origin-members/.

Cole, Diane. "U.N. Report: 50,000 Women A Year Are Killed By Intimate Partners, Family Members." NPR. November 30, 2018. Consultado en línea el 10 de abril de 2019. https://www.npr.org/sections/goatsandsoda/2018/11/30/671872574/u-n-report-50-000-women-a-year-are-killed-by-intimate-partners-family-members.

Economic Commission. "Poverty in Latin America Remained Steady in 2017, but Extreme Poverty Increased to the Highest Level since 2008, While Inequality Has Fallen Notably since 2000." Press Release | Economic Commission for Latin America and the Caribbean. January 16, 2019. Consultado en línea el 10 de abril de 2019. https://www.cepal.org/en/pressreleases/poverty-latin-america-remained-steady-2017-extreme-poverty-increased-highest-level.

"Facts and Figures: Leadership and Political Participation." UN Women. Consultado en línea el 10 de abril de 2019. http://www.unwomen.org/en/what-we-do/leadership-and-political-participation/facts-and-figures.

Gaenzle, Anthony. "7 Job-Search Statistics You Should Know." TopResume. Consultado en línea el 10 de abril de 2019. https://www.topresume.com/career-advice/7-top-job-search-statistics.

Gonzalez, Elizabeth. "Infographic: Women in Politics in Latin America." AS/COA.

August 07, 2018. Consultado en línea el 10 de abril de 2019. https://www.as-coa.org/articles/infographic-women-politics-latin-america.

Heaney, Katie. "What to Do When You Feel Left Out at Work." The Cut. December 03, 2018. Consultado en línea el 10 de abril de 2019. https://www.thecut.com/2018/12/when-you-feel-left-out-at-work.html.

Hession, Jane. *Women in the Modern Workplace: Gender Barriers to Business Start-ups.* Newcastle upon Tyne: Cambridge Scholars, 2009.

Raypole, Crystal. "How to Deal with Unrequited Love for a Friend." GoodTherapy.org Therapy Blog. March 19, 2019. Consultado en línea el 10 de abril de 2019. https://www.goodtherapy.org/blog/how-to-deal-with-unrequited-love-for-friend-320197.

Sánchez-Páramo, Carolina. "No, 70% of the World's Poor Aren't Women, but That Doesn't Mean Poverty Isn't Sexist." Let's Talk Development. March 12, 2018. Consultado en línea el 10 de abril de 2019. https://blogs.worldbank.org/developmenttalk/no-70-world-s-poor-aren-t-women-doesn-t-mean-poverty-isn-t-sexist.

Winch, Guy, Ph.D. "What to Do When You Feel Rejected." Psychology Today. June 18, 2014. Consultado en línea el 10 de abril de 2019. https://www.psychologytoday.com/us/blog/the-squeaky-wheel/201406/what-do-when-you-feel-rejected.

Winch, Guy. "Why Rejection Hurts so Much - and What to Do about It." Ideas.ted.com. December 08, 2015. Consultado en línea el 10 de abril de 2019. https://ideas.ted.com/why-rejection-hurts-so-much-and-what-to-do-about-it/.

CAPÍTULO 9: CUANDO LAS CIRCUNSTANCIAS TE DICEN QUE NO VALES

Babauta, Leo. "Zen Habits : Breathe." Zen Habits. December 9, 2007. Consultado en línea el 10 de abril de 2019. https://zenhabits.net/25-killer-actions-to-boost-your-self-confidence/.

"Improving Self-Esteem." SkillsYouNeed. Consultado en línea el 10 de abril de 2019. https://www.skillsyouneed.com/ps/self-esteem.html.

Smith, Kathleen, Ph.D. "How to Build Self-Esteem: 5 Tactics to Change How You See Yourself." PsyCom.net - Mental Health Treatment Resource Since 1986. August 27, 2018. Consultado en línea el 10 de abril de 2019. https://www.psycom.net/increasing-self-esteem.

"Tips to Improve Your Self-esteem." Mind, the Mental Health Charity - Help for Mental Health Problems. Consultado en línea el 10 de abril de 2019. https://www.mind.org.uk/information-support/types-of-mental-health-problems/self-esteem/tips-to-improve-your-self-esteem/#SetYourselfAChallenge.

Winch, Guy. "5 Ways to Build Lasting Self-esteem." Ideas.ted.com. January 10, 2017. Consultado en línea el 10 de abril de 2019. https://ideas.ted.com/5-ways-to-build-lasting-self-esteem/.

CAPÍTULO 11: ELEMENTOS QUE TE AÑADEN, ELEMENTOS QUE TE RESTAN

Ducharme, Jamie. "Poor Diets Are Linked to 20% of Deaths Worldwide, Study Says." Time. April 03, 2019. Consultado en línea el 10 de abril de 2019. http://time.com/5562994/diet-disease-mortality/.

"KidsHealth.org Search Results : Health." KidsHealth. Consultado en línea el 10 de abril de 2019. https://kidshealth.org/en/teens/power-positive.html.

McGraw, Sally. "4 Important Links Between Personal Style and Positive Self-Image." HuffPost. December 07, 2017. Consulta en línea el 10 de abril de 2019. https://www.huffpost.com/entry/positive-self-image-style_n_1979761.

Oaklander, Mandy, and Heather Jones. "7 Surprising Benefits of Exercise." Time. September 01, 2016. Consultado en línea el 10 de abril de 2019. http://time.com/4474871/exercise-fitness-workouts/.

Patel, Deep. "11 Ways You're Wasting Time Instead of Doing What You Need to Be Successful." Entrepreneur. July 04, 2018. Consultado en línea el 10 de abril de 2019. https://www.entrepreneur.com/article/315637.

"Procrastination." Psychology Today. Consultado en línea el 10 de abril de 2019. https://www.psychologytoday.com/us/basics/procrastination.